実践調停

遺産分割事件

第2巻

改正相続法を物語で読み解く

片岡　武
細井　仁
飯野　治彦
【著】

日本加除出版株式会社

はしがき

相続法制の見直しに関する「民法及び家事事件手続法の一部を改正する法律」（平成三〇年法律第七二号）（以下「改正法」という。）が、平成三〇年七月六日に成立し、同月一三日に公布され、原則として令和元年七月一日から施行されている。

本書は、『実践調停　遺産分割事件』（日本加除出版、二〇一六）の編集方針を踏襲するものであり、改正法に伴い実務の運用が変容する部分と最新の裁判事例をテーマに架空の物語を作り、その物語を通じて改正法を踏まえた遺産分割調停手続の流れを読み解くことを試みたものである。完成するまでの過程においては、前書と同様に、執筆者全員において、項目を選び出した上で、細井がその項目に沿ってプロローグからエピローグまでの基本ストーリー部分と書式部分などを、次に、片岡が改正法及び重要論点に対する解説と調停委員の発言の意味やコメントなどを、そして、飯野が特別寄与料の申立書、陳述書等、寄与分の申立書、主張書面、寄与分の主張整理表及び寄与分の認定等を執筆し、協議を重ねながら、片岡において補正して完成したものである。

具体的な編集に当たっては、次の点を考慮した。

(1)　遺産分割事件は、当事者の納得が得られ、また事件を早期に解決する方策として、段階的進行モデルに沿って進行することが重要であるとの考えの下に、前提問題、遺産の範囲、遺産の評価、特別受益、寄与分、具体的相続分の確定、遺産分割方法の決定という手順に従い、各改正項目の要点を取り上げている。併せて特別寄与料についての検討を加えた。

そして、「改正法Q＆A」においては改正の趣旨と実務を、「ポイント」においては調停進行に当たっての留意点や、調停委員の発言の意味の解析と調停運営に当たっての調停技法を、「実務論点」においては、重要な論点についての実務運用を説明し、読者の理解を深めるための工夫をした。

なお、本書が取り上げた内容は、改正に関わる項目に絞ったため、遺産分割事件についての基礎知識、実務の処理方針などについては、前書における解説部分を参考にされたい。

(2)　物語の展開の確認と知りたい情報を把握しやすくするため、序章においては今後の物語の展開を、そして各章の冒頭に前章までの振り返りを記載し、振り返りの下には各章で扱う改正法関連項目と実務論点を摘示した。また、遺言書の一覧表や各期日の経過一覧などを記載することで、問題点や紛争の全体像が理解できるように工夫した。

(3)　遺産分割調停においては、話合いによる自主的解決を目指すため、本書では、遺産分割調停がどのように行われているか、裁判官、書記官、家庭裁判所調査官及び調停委員はどのような協働関係で事件を進行させているか、調停委員会は当事者の意向が対立した際にどのように調整を図り、どのように当事者の紛争解決を支援しているかなどについても説明をしている。今後の実務の参考にしていただければと思っている。

(4)　また、遺産分割事件を処理するに当たって問題となることが予想される特定財産承継遺言、相続分の指定等の遺言による分割方法、遺留分侵害額請求権等についてはその概要を説明したが、遺産分割事件の処理と直接に関連しない遺言、遺留分制度の枠組み変更などについては、参考文献を参照されたい。なお、本書は、令和二年五月末現在において施行されている制度を前提に編集されており、改正相続法の理解を得るためのストーリー構成となっている点に留意されたい。

本書が、遺産分割事件を担当している実務家、研究者の参考になれば幸いである。

今回の刊行に当たっては、業務繁忙の中、東京家庭裁判所家事第五部において共に仕事をした秋枝和子さん（前さいたま家庭裁判所家事訟廷管理官・現宇都宮家庭裁判所家事部書記官）、清水朋子さん（東京家庭裁判所立川支部家事訟廷副管理官）と久保与志也さん（裁判所書記官）、静岡家庭裁判所裁判所書記官の大塚遥香さんと米村花凜さんの五名の方々に校正等をお願いした。この紙面を借りて御礼を申し上げます。

最後に、本書完成に至るまで助言や文献調査、一覧表の作成など多大なる尽力をいただいた日本加除出版の渡邊宏美さん、櫻沢知広さんに厚くお礼申し上げます。

令和二年五月

片岡　武
細井　仁
飯野治彦

V　相続人等関係図

相続人等関係図

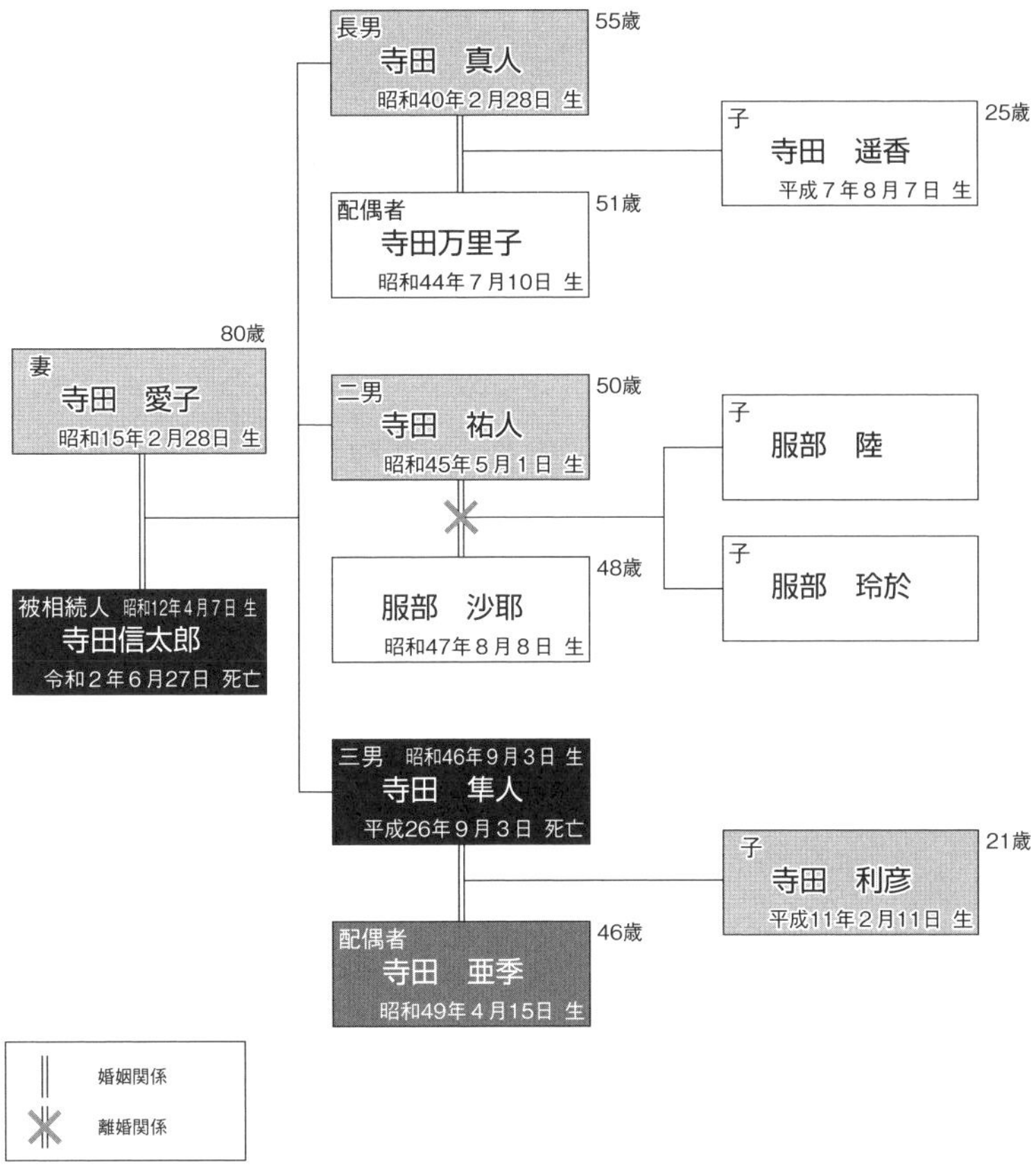

（年齢は遺産分割調停申立当時）

登場人物紹介

〈被相続人〉

寺田信太郎

令和二年六月二七日死亡。みかん農家を経営していた。六〇歳を超えたあたりから、体調を崩すようになり、晩年は、二男祐人にほとんど任せていた。

〈相続人等〉

寺田　愛子（妻）

信太郎の配偶者。信太郎と伴に農業に従事していたが、信太郎が体調を崩してからは、身の回りの世話をするため、畑に出ることはなくなった。自らも高齢なため、三男隼人の妻の寺田亜季に面倒をみてもらっている。信太郎の死亡後、葬儀費用と生活費に充てるため預金の払戻しを受け、その後、仮分割仮処分の申立てをする。遺産分割調停では、金融資産の取得と自宅の居住を希望する。

寺田　真人（長男）

信太郎の長男。大学を卒業してから、大手の建築メーカーに就職した。転勤族で、全国を転々としていたが、最近地元の開港市に戻ってきた。妻万里子と娘遥香がいる。遺産のうちキウイ畑を売却することを希望し、一部分割の申立てをする。

寺田　祐人（二男）

信太郎の二男。高校を卒業してからは鉄道会社に勤めながら、信太郎が営む農業を手伝っていた。その後鉄道会社を退職して、家業に従事し、キウイの育成やみかんの品種改良に力を入れるようになった。双子の息子の陸と玲於は、離婚した元妻と暮らしている。畑を取得することを希望し、愛子とともに全部分割の申立てをする。

寺田　隼人（三男）――信太郎の三男。妻亜季と息子利彦を残して死亡。

寺田　亜季（隼人の妻）――隼人の配偶者。看護師としての職歴を活かし、信太郎の脳梗塞後は毎日、隼人の死亡後は午前中に、信太郎宅に通って身の回りの世話をしていた。信太郎死亡後も、愛子を世話するために、信太郎の家に通い続けている。祐人と愛子からの働きかけを受け、特別寄与料の申立てをする。

寺田　利彦（隼人の長男）――亡隼人の息子で代襲相続人。現在大学生。

〈手続代理人〉

鈴木　知広（愛子・祐人の代理人）――祐人の同級生。同級のよしみで、信太郎の相続について相談に乗ることになる。

和田さや子（亜季の代理人）――亜季から特別寄与料の相談を受け、亜季の手続代理人となる。

〈裁判所関係〉

山崎　彩（裁判官）――家事事件のベテラン裁判官。遺産分割事件も多く手がけている。

石原　亮恵（調停委員）――六年目の中堅調停委員。遺産分割調停を何件も経験している。手順を重視して、手続を進めることを信条としている。

杉浦虎太郎（調停委員）――二年目の調停委員。勉強熱心で研修には積極的に参加している。以前から遺産分割調停には興味を持っていたが、今回初めて本件遺産分割調停事件を担当することとなる。

小林　勉（主任書記官）――開港家庭裁判所の遺産分割係創設時のメンバー。現在は、主任書記官として係をまとめている。

森下　康治（書記官）――書記官経験十年の裁判所書記官。遺産分割係三年目となり小林主任書記官を支える存在。後輩の稲葉書記官を熱心に指導をする。

稲葉　靖章（書記官）――任官二年目の裁判所書記官。この四月に受付係から遺産分割係に配置換えになった。今回初めて遺産分割調停事件を担当することとなる。

川人　和恵（事務官）――調停係の採用二年目の裁判所事務官。

中谷　義正（専門家調停委員）――不動産鑑定士、調停委員ともに長年の経験、実績がある。裁判官の信頼も高く、本事件では配偶者居住権の評価につき専門家調停委員として関与することになる。

藤村　有哉（不動産鑑定士）――農地鑑定に実績があり、本件遺産の不動産鑑定を行う。

事件当事者一覧表

事件名	事件番号	申立日	申立人	相手方	備考
遺産分割調停（一部分割）	令和２年（家イ）第800号	令和２年12月16日	真人（長男）	愛子（配偶者），祐人（二男），利彦（三男亡隼人の代襲相続人）	併合
遺産分割調停（全部分割）	令和３年（家イ）第10号	令和３年１月15日	愛子，祐人	真人，利彦	併合
仮分割の仮処分	令和３年（家ロ）第100号	令和３年４月15日	愛子	真人，祐人，利彦	
特別寄与料の請求調停	令和３年（家イ）第65号	令和３年５月25日	亜季（三男亡隼人の配偶者）	愛子，真人，祐人	利彦には申立てせず
寄与分を定める処分調停	令和３年（家イ）第600号	令和３年８月２日	祐人	愛子，真人，利彦	併合

凡例・参考文献

〔法令〕

改正法 = 民法及び家事事件手続法の一部を改正する法律（平成三〇年法律第七二号）
家事法 = 家事事件手続法　家事規則 = 家事事件手続規則
不　登 = 不動産登記法　民 = 民法（平成三〇年法律第七二号による改正後のもの）
民訴法 = 民事訴訟法　民訴費 = 民事訴訟費用等に関する法律

〔裁判例〕

最二小判平成三年四月一九日民集四五巻四号四七七頁
= 最高裁判所第二小法廷判決平成三年四月一九日最高裁判所民事判例集四五巻四号四七七頁

家月 = 家庭裁判月報　家判 = 家庭の法と裁判
判時 = 判例時報　判タ = 判例タイムズ
民集 = 最高裁判所民事判例集

〔文献〕

『一問一答』　堂薗幹一郎・野口宣大編著『一問一答　新しい相続法—平成30年民法等（相続法）改正、遺言書保管法の解説』（商事法務、二〇一九）
『概説』　堂薗幹一郎・神吉康二編著『概説　改正相続法—平成30年民法等（相続法）改正、遺言書保管法制定—』（きんざい、二〇一九）
『実務運用』　東京家庭裁判所家事第5部編著編著『東京家庭裁判所家事第5部（遺産分割部）における相続法改正を踏まえた新たな実務運用』（日本加除出版、家庭の法と裁判の号外、二〇一九）
『遺産分割・遺留分の実務』　片岡武・管野眞一編著『第三版　家庭裁判所における遺産分割・遺留分の実務』（日本加除出版、二〇一七）
『改正相続法』　片岡武・管野眞一『改正相続法と家庭裁判所の実務』（日本加除出版、二〇一九）
潮見佳男『詳解相続法』（弘文堂、二〇一八）

目次

第2章　遺産の範囲の確認と仮分割仮処分の申立て

第3章　遺産の範囲の確定と特別寄与料の申立て……一〇三

第3回調停期日

特別寄与料第1回調停期日

プロローグ

「当行では、一五〇万円までであれば寺田様にお支払できます」

――かいこう銀行鶴岡駅前支店の窓口担当の行員の言葉に寺田愛子は安堵の表情を浮かべた。

「助かります。主人が亡くなってしまったものだから。私の預金だけだとお葬式もできないかもしれないと思っていたので」

「以前は、預金は相続人全員のご同意がない限り払戻しに応じておりませんでしたが、法律の改正があって、相続人は遺産分割協議が成立する前でも、裁判所の判断を経ることなく、一定の範囲で預貯金を払い戻すことができるようになりました。当行では、九〇〇万円の普通預金と三〇〇万円の定期預金をお預かりしていますが、本件では、一五〇万円までお支払いします」

●一五〇万円の枠組み

同一の金融機関から払戻しを受けることができる上限額の一五〇万円については、同額に満つるまで、どの口座からいくらの払戻しを得るかは、請求する相続人の判断に委ねられます（『一問一答』七一頁参照）。本件では、かいこう銀行に、普通預金と定期預金の二本がありますので、愛子さんが、普通預金から一〇〇万円を、そして定期預金から五〇万円の払戻しを求めるということもできます。

本件では、九〇〇万円の普通預金がありますので、愛子さんは、普通預金からその上限額である一五〇万円の払戻しを受けています。実務では、定期預金から払戻しを受けると金利の計算が複雑になりますので、一般的には普通預金から払戻しを受けることが多いと思われます。

「今後、一五〇万円を超えて必要な場合は家庭裁判所にご相談ください」

夫の寺田信太郎は、生前、自身が所有する畑で、みかんを収穫し、農協に出荷する果実業を営んでいた。信太郎は、高血圧と糖尿病の持病を有し、六〇歳の頃から体調を崩しがちであったが、七〇歳の時、脳梗塞となり、それを機に、家業を二男祐人に任せるようになった。八二歳の時に転倒し、股関節を骨折し、以後、要介護5の状況の下、自宅で生活していたが、かぜをこじらせて肺炎となり、救急車で病院に運ばれたものの、わずか一週間で亡くなってしまった。

愛子は、手持ちのお金が少ないため、今後の手続につき、市役所の法律相談に行ったところ、今回の払戻し制度を教示され、今日、銀行まで赴いたのだ。

愛子は、これで何とかお葬式があげられるとの安心感から、二男の寺田祐人から相談するよう言われていた貸金庫の手続について、尋ねることをすっかり忘れて銀行を後にした。

❖　❖　❖　❖　❖　❖　❖　❖　❖　❖

信太郎の葬儀は、親族と近所の多くの人で営まれたが、長男の寺田真人は、葬儀の手伝いをしたのに近所の人が愛子や祐人にばかり挨拶をするのを見て面白くなかった。

真人は、葬儀後、キウイ畑に立ち寄り、畑を見渡した。木にはまだ実がなっていなかったが、毎年、収穫時には、茶色の実を付ける。

信太郎は、以前から農業を営んでいたが、愛子と結婚してからは、みかんの栽培を中心に行っていた。そして、信太郎と愛子は、長男である真人、二男の祐人、三男の隼人をもうけた。

真人は、大学卒業後は、建築メーカーに勤めていた。

祐人は、高校卒業後、鉄道会社に就職したが、仕事をしながらも、農業の手伝いをしていた。そして、結婚し、信太郎らと同居していた時期もあったが、数年で離婚した。祐人は、会社を退職してからは、本格的に農業を手伝うようになり、キウイの栽培を発案するなどしてみかんとキウイの果実業を主に運営していた。

隼人一家も繁忙期に少し手伝いもしたが、隼人の妻の亜季が一〇年ほど前からは、高齢になった信太郎の身の回りの世話をしていた。そんな中、六年前に隼人が亡くなった。

❖ ❖ ❖ ❖ ❖ ❖ ❖ ❖ ❖

信太郎が所有する畑は、坂道が多い開港市の中で、国道に面した平坦な場所に多くあった。

「そろそろ廃業なんだろうな。開港市で農業なんて、ある意味時代遅れだからな。いっそのこと宅地にして売却すれば……」

真人は考えるのをやめた。さすがに不謹慎だよな。

賃貸物件を転々としていた転勤族の真人にとって、退職後の持ち家は家族の悲願でもあった。妻の万里子と娘の遥香からは、早く自分の家に住みたいと言われていた。それでも、娘の遥香が地元の名門である開港薬科大学の薬学部に入学したこともあって、住宅資金もなかなか貯めることができなかった。

自分は長男だし、やっと自分にもチャンスがめぐってきたのだ。目の前に広がるキウイ畑を見てそう思った。

改正法Q&A

Q1　預貯金の払戻し制度とは？

A　改正法は、共同相続人の各種の小口の資金需要に迅速に対応することを可能とするため、各共同相続人が、遺産分割前に、裁判所の判断を経ることなく、遺産に属する預貯金債権の一部については、単独でその権利を行使できることとしました（民九〇九条の二前段）。そして、単独で権利を行使できる額としては、各預貯金債権の額の三分の一に払戻しを求める共同相続人の法定相続分を乗じた額としています。なお、同一の金融機関に対して権利行使をすることができる金額については、一五〇万円を上限額と定めています（平成三〇年法務省令第二九号）。（『改正相続法』四六頁参照）

行員は、改正法の預貯金の払戻し制度を説明しています。なお、金融機関においては、例外的に便宜払いを認めることもあるようです（家判九号「座談会大法廷決定をめぐって」三六頁）。

改正法Q&A

Q2　一五〇万円を超えるまとまったお金が必要な場合はどうすればよいですか？

A　預貯金の払戻し制度（民九〇九条の二）は、相続人間の公平な遺産分割の実現を阻害しないようにするために限度額が定められています。したがって、預貯金の払戻し制度は、限度額を超える比較的大口の資金需要に対し柔軟に対応することができません。このような資金需要がある場合においては、家事事件手続法二〇〇条二項の仮分割の仮処分（遺産の分割の審判又は調停事件を本案とする保全処分）を活用することが考えられますが、同条は、「急迫の危険を防止するため必要がある」場合を要件としていますので、相続開始後の資金需要に柔軟に対応することは困難です。そこで、家事事件手続法二〇〇条三項は、同二項の要件を緩和し、「急迫の危険を防止するため必要がある」ことを要せず、相続人において遺産に属する預貯金債権を行使する必要があり、かつ、これにより他の共同相続人の利益を害しないと認められる場合には、預貯金債権の仮分割の仮処分を認めるものとしました（『改正相続法』九四頁参照）。

行員が「一五〇万円を超えて必要な場合は家庭裁判所にご相談ください」と述べているのは、必要性があれば、仮分割の仮処分を検討するよう示唆するものです。

実務論点

1　貸金庫

貸金庫契約とは、金融機関が金庫室の一区画につき取引先のために鍵のかかるスペースを提供し、これを取引先が貴重品等の保管場所として使用する形態の契約をいい、その保管場所を貸金庫といいます。その法律関係は、銀行と、金庫の借主との金庫室内のキャビネットの賃貸借契約と考えられます。

金融機関は、貸金庫契約の借主が死亡した場合においては、賃借人としての地位は相続人によって承継されたものと考え、被相続人の戸籍謄本等により相続人を確認し、相続人全員の印鑑登録証明書を求め、そして、相続人全員の立会いによって、貸金庫の開扉と格納品の搬出を認めるのが一般的な扱いです。

祐人さんは、貸金庫の開扉の手続を知りたかったのです。

〈寺田家の遺産相続の時系列〉

昭和12年４月７日	被相続人信太郎　生
15年２月28日	妻　愛子　生
40年２月28日	長男　真人　生
45年５月１日	二男　祐人　生
46年９月３日	三男　隼人　生
平成元年４月	祐人，鉄道会社に就職する
９年ころ	被相続人，高血圧と糖尿病の治療
14年ころ	被相続人，自宅を建てる
20年１月ころ	被相続人，脳梗塞となる（14日間入院）
３月ころ	祐人，会社を退職し，みかんの栽培を本格的に始める
22年４月から	隼人の妻亜季，午前・午後，被相続人宅を訪問し，被相続人らの世話をする
25年３月ころ	被相続人，真人に対し，遥香の大学の入学祝いとして200万円を贈与する
25年４月	遥香，大学に入学する
25年９月11日	遺言書１を作成（貸金庫保管）
26年３月	被相続人，真人に対し，遥香の学費として100万円を贈与する
26年９月３日	隼人が死亡する
下旬ころ	亜季，午前，被相続人の介護をする（午後は看護師として勤務）
27年４月	被相続人，真人に対し，遥香の学費として100万円を贈与する
27年９月13日	被相続人，再び脳梗塞となる（14日入院）要介護２の認定
28年４月	利彦，大学に入学する
31年２月28日	遺言書２を作成（仏壇保管）
	（日付のない遺言書３もあり）
令和元年８月27日	被相続人，自宅で転倒し，股関節を骨折する（１か月ほど入院）要介護５の認定
２年６月27日	被相続人信太郎が死亡する
29日	愛子，葬儀費用を支払うため，かいこう銀行から150万円の払戻しを受ける
同日ころ	真人，霧笛信用金庫の定期預金を解約して500万円の払戻しを受ける
	被相続人の葬儀

令和２年８月	仏壇から遺言書２・３を発見
９月	貸金庫を開扉して，遺言書１を発見
10月	遺言書３通の検認手続
12月16日	真人，キウイ畑を分割対象とする遺産（一部）分割調停を申し立てる
令和３年１月（第１回調停期日）	真人の一部分割申立ての趣旨確認と祐人らの意向聴取
１月15日	祐人ら，全遺産を分割対象とする全部の申立てをする
３月（第２回調停期日）	愛子，葬儀費用を支払うため，かいこう銀行から150万円の払戻しを受けたことを認める
	真人，霧笛信用金庫の定期預金を解約して500万円の払戻しを受けたことを認めるが，被相続人の借金の返済等に充てたと主張する（使途不明金が問題となる）
４月15日	愛子，生活費不足から仮分割仮処分を受け，かいこう銀行から200万円の払戻しを受ける
５月（第３回調停期日）	遺産の範囲が確定する
５月25日	亜季，特別寄与料請求を申し立てる
７月（第４回調停期日・	畑について鑑定を行う旨の合意
第１回特別寄与料調停）	亜季の療養看護型の特別寄与料調停事件が始まる
８月２日	祐人，家業従事型の寄与分を定める処分調停を申し立てる
９月	真人の特別受益が争点となる
（第５回調停期日）	真人，畑の鑑定意見に異議を述べる
11月（第６回調停期日・	家業従事型の寄与分が認められるかが争点となる
第３回特別寄与料調停）	特別寄与料請求調停が成立する
（調停期日後）	家業従事型の寄与分についての主張整理に関する事後評議
令和４年１月（調停期日前）	家業従事型の寄与分が認められるか否かについての事前評議
（第７回調停期日）	調停委員会による真人の特別受益について持戻し免除の認定
	祐人の家業従事型の寄与分についての合意が成立する
第８回調停期日～第10回調停期日	愛子による配偶者居住権の取得の有無の検討と代償分割に伴う代償金の支払確保が争点となる
６月15日（第10回調停期日）	遺産分割調停が成立する

序　章　遺言書と遺産分割（一部分割）調停の申立て

～これからの展開～

信太郎の葬儀後，妻の愛子は仏壇の引き出しから自筆証書遺言書を発見する。その後，貸金庫の中にも自筆証書遺言書があることが分かる。しかし，検認手続において，遺言書の効力に問題があることが判明する。

本章で扱う改正法Q&A

Q遺言書の保管制度とは？

Q相続分の指定とは？

Q自筆証書遺言の方式緩和とは？

Q特定財産承継遺言とは？

Q第三者に対する対抗要件としての登記との関係

Q第三者が受益相続人に対してその権利を対抗する場合の根拠規定

Q特定財産承継遺言と遺言執行者との関係

Q特別寄与料とは？

実務論点

◆遺言書の検認

◆貸金庫の開扉の方法

◆付言事項

◆自筆証書遺言の要式性

◆「相続させる」旨の遺言と代襲相続の可否

◆赤色斜線で引いた遺言書の効力

◆法定相続情報証明制度

◆「相続させる」旨の遺言

①　遺言書の発見

「お義母《かあ》さん、おはようございます」

―亜季は、以前看護師として働いていたこともあり、信太郎が脳梗塞となって以降、夫の隼人に頼まれ、ほぼ毎日信太郎宅に通い、信太郎の世話を行っていた。隼人が亡くなってからは、生活のため、午後だけ市内の病院で看護師として働くようになったが、引き続き午前中は信太郎宅に通っていた。信太郎が亡くなってからも、一人暮らしとなった愛子を心配して毎日午前中に愛子宅に寄ってから職場に向かっていた。

「亜季さん、おはよう」

―愛子は、信太郎が亡くなってから少し塞ぎ込んでいたが、今は週に一回程度は外出し、近所の友人宅に出かけたりしている。耳が少し遠くなったり、足腰は弱くなっているものの、病気を患うことなく生活していた。しかし、ここにきてさすがに杖に頼りながら移動するようになった。

愛子は、亜季が来るのを待ちかねたように話し始めた。

「昨日、仏壇の掃除をしていたら、引き出しにこんなものがあったのよ」

―愛子は、そう言いながら仏壇の引き出しから封筒を取り出し、亜季に手渡した。

亜季は、渡された封筒の表の字を見て思わず息をのんだ。

墨汁で「遺言書」と書かれていた。

裏を返すと「平成三一年二月二八日　寺田信太郎」とあった。

「これはお義父《とう》さんの遺言書……」

「ちょっと前に『遺言書を書いておいたからね』と聞いていたんだけどね。どこかの家みたいに骨肉の争いなんてことにならずに済みそうね。お父さんは争いごとが嫌いだったから」

——愛子の顔が心持ち明るくなった。

「早速開けてみましょうよ」

「お義母さん、だめですよ」

——亜季は、封を切ろうとした愛子の手を止めた。

② 祐人の事情と果実畑

祐人は、今日もみかん畑に出ていた。

額から吹き出る汗を一拭きし、小太りした身体を揺すりながら、みかん畑の草刈りに精を出していた。

高校二年の頃だろうか。

都内の大学に進学した兄の真人が、夜に父親と兄の言い争いをしている声が聞こえてきた。内容は分からないが、父親が一方的に怒っているように聞こえた。

そして、数日後、父親から呼び出されて、農家を継いでくれないかと頼まれたが、返事をしなかった。

祐人は、その後、小さい頃からの夢だった鉄道会社に勤務したが、毎日畑に出る父親を見ていると、働きながら、農業を手伝うしかなかった。

結婚してからも両親と同居し、双子の息子ももうけた。

妻も一緒に農業を手伝ってくれたが、愛子との折り合いが良くなく、実家の近くに新居を建てて、引っ越しもした。それでも、一度絡まった糸はほぐすことができず、数年後には離婚した。

祐人は、離婚後も農業の手伝いを続け、一二年前に会社を退職し、果実業を切り盛りするようになった。キウイ栽培を始めたのも祐人の発案によるものであった。

糖度の高い果物を作るために、有機栽培を取り入れたり、地元の農業大学と共同で新しい農法を取り入れたりした。最近は「かいこうの寺田みかん」や「甘クイーン：キウイ」というブランドで販売を始め、お客さんからも高い評価を受け始めていた。和菓子店とコラボレーションして、キウイ大福の試作にも取り組んでいた。

みかんもキウイも地域のブランドにまで高めてきた自負はある。はっきりと後を継ぐと言ってあげればよかったと後悔しているが、親父が生きていれば、きっと自分が後を継ごうとしていたのは分かってくれただろう。

自分に畑を残してくれると遺言書を書いてくれているに決まっている。

祐人は、キウイ畑を見つめた。

3　真人からの電話と貸金庫

「母さん。昨日、真人おじさんから電話があったよ」

――亜季の息子の利彦が出かけ際に自転車にまたがりながら、亜季に声をかけた。

「真人おじさんって、何年も全然連絡なかったけど、どうしたのかしら」

「なんかおじいちゃんの貸金庫の件って言ってたけど、よく分からなくて。こちらからかけ直すって言っておいたから、ちゃんとかけてくれよ」

「分かったわ。それより、大学の方はうまくいってるの？　うちは留年なんかさせる余裕ないんだからね」

「分かってるよ。じゃあ行ってくるよ」

――そう言って、利彦は自転車をこぎ出した。その背中はあっという間に小さくなった。

亜季の夫隼人は、利彦が高校生のときに病気で亡くなった。

利彦はその当時大学進学を目指していたが、そのショックでしばらく勉強が手につかなくなった。そんなとき、信太郎の励ましから、勉強を再開した。そして、利彦は希望の大学に合格した。

亜季はその恩返しの気持ちもあり、それからは、それまで以上に信太郎と愛子の面倒をみるようになった。

亜季は、「貸金庫ってお義父さんの貸金庫のことかしら。今日、お義母さんに聞いてみなくちゃ」とつぶやいて、愛子宅に向かった。

玄関を開けると泥だらけの男ものの靴があった。

誰か来てるのかしら？

「そうなのよ。この前、銀行に行ったとき、聞くのすっかり忘れちゃって」

――愛子の話し声が扉越しに聞こえてきた。

「おはようございます」

「あ、亜季さんが来たわ。どうぞ」

——部屋に入ると真っ黒に日焼けした祐人がいた。

「祐人さん、ご無沙汰してます」

「おはよう。亜季さんには、いつもお袋のこと任せっきりで悪いね」

——祐人は本当に済まなそうな顔をした。

「いいんですよ。

それはそうと、そこから話が聞こえちゃったんですけど、貸金庫の話？

昨日、真人さんから家にも電話が入ったみたいなんです」

「やっぱり。あの子は何を考えてるのかしら。まだ四十九日も終わったばかりだっていうのに」

——愛子の表情は曇った。

「大体兄貴は、自分勝手なんだよ。それで何だって言うんだよ」

「貸金庫を開けるには相続人全員の実印が必要なんだって」

「なんでうちに？」

「利彦君も相続人なんだって」

——そうだった。

「僕らで話していてもらちが明かないから、専門家のところへ一緒に相談に行かないか。高校の友人に弁護士がいるんだ。ちょうどこの前、同窓会で会ったばかりだからさ」

——あの時、「なんかあったら頼むよ」なんて冗談で言ったけど、まさか本当にお願いすることになるとは。

「そうですね。私は金曜日だったらお休みとれます」

「じゃあ、連絡してみるよ」

——祐人は、そう言うとスマホを片手に廊下に出た。

「真人ったら、お父さんが生きている間はほとんど家に寄りつかなかったくせに、貸金庫を開けたいなんて」

——愛子はため息をついた。

「今度の金曜日の午後なら、時間取れるってよ」

——空にはどんよりとした雲が立ちこめていた。これからを暗示するように。

④ 弁護士への相談

「この間の同窓会は楽しかったよな。

祐人とは、高校時代、柔道部で同じ釜の飯を食った仲だから、できるだけ力になるよ」

——昔を懐かしんで話す弁護士の鈴木知広は、高校時代より更に恰幅が増した感じがする。

「今日は、お袋と弟の嫁さんを連れてきたよ。皆一緒に話を聞いた方がいいと思ってな」

——鈴木弁護士の事務所は、開港家庭裁判所から徒歩五分程度のところにあった。

祐人は、応接室のソファーに座り、封筒から書類を取り出し、信太郎が亡くなって長男の真人から連絡があるまでの経緯を話し始めた。

「なるほどね。遺産は、畑、自宅の土地建物、株式、預金が主なところだね。それと貸金庫があるなら、中を調べないとな。

一番の問題は、お父さんがどのような遺言書を残しているかだね。ちょっとその封筒を見せてくれないか」

——祐人は、鈴木に「遺言書」と書かれた封筒を渡した。

「一週間くらい前に、仏壇を掃除した際にお袋が発見したんだ」

——鈴木は、渡された封筒を手に取った。

手にずっしりとした重みを感じた。

封筒の裏には、日付の脇に信太郎の自筆と思われる文字で「開封は家庭裁判所で行うこと　寺田信太郎」と記載され、名下に押印がされていた。

「これはお父さんの遺言書のようだね」

「すぐにでも開封したい気持ちもあるんだが、なにせ家庭裁判所で開封しろと書いてあったものだから」

「確かに、遺言書を開封するには、家庭裁判所に遺言書の検認申立てをして、その期日で開封することになっているからな。申立ての準備をしたり、お兄さんや他の相続人に通知をするから、少し時間がかかるんだよ。

あと、注意してほしいのは、検認をしたからといって遺言の有効性が確認されるものではないからね」

実務論点

2 遺言書の検認

遺言書の検認は、遺言の方式に関する一切の事実を調査して遺言書の状態を確定し、その現状を明確にするものです。後日の紛争に備えて、偽造・変造を防止し、遺言書の原状を保全する手続です。

遺言書の検認手続は、公正証書遺言以外の全ての遺言書に要求されています（なお、遺言書保管所に保管されている遺言書については、検認は不要です。）が、遺言書の検認を受けたかどうかは、遺言の効力とは関係がありません。検認を受けたからといって遺言の有効性が確認されるわけではありません。

遺言書の保管者（保管者がいないときは遺言書を発見した相続人）は、相続開始を知った後に遅滞なく、相続開始地を管轄する家庭裁判所に遺言書検認の申立てをしなければいけません（民一〇〇四条一項）。

実務では、検認期日に相続人等の立会いを求めており、家庭裁判所は、検認期日を指定して申立人及び相続人に通知します（家事規則一一五条一項）。鈴木弁護士は、この遺言書の検認手続のことを説明しているのです。

「やっぱり弁護士のお前でも勝手に開封ってわけにはいかないんだ」

――祐人は少しがっかりした表情をした。

「ところで確認するけど、他に遺言書はないのかい」

「多分、実家にはないと思うよ」

改正法Q&A

Q3　遺言書の保管制度とは？

A　自筆証書遺言は、遺言者の死亡後に、遺言書の真正や遺言内容をめぐっての紛争が生じるリスク等があります。そこで、そのリスクを軽減するものとして、法務局において自筆証書遺言に係る遺言書を保管する制度が創設されました。

法務局における遺言書の保管等に関する法律（以下「遺言書保管法」という。）は、申請手続、遺言書の保管、遺言書に係る情報の管理、遺言者の死亡後の相続人等による遺言書保管事実証明書（遺言書保管所における関係遺言書の保管の有無等を明らかにした証明書）又は遺言書情報証明書（遺言書の画像情報等を用いた証明書）の交付請求手続等を定めています（なお、遺言書保管法は、令和二年七月一〇日から施行されます）。

遺言書保管所に保管されている遺言書については、検認は不要です（遺言書保管法一一条）。遺言書保管所に保管される遺言書は、遺言書保管官が保管することになりますから、保管開始後に偽造、変造等のおそれがなく、保管が確実であるからです（『一問一答』二二三頁）。

そして、遺言者の保管を行う機関は、全国一律にサービスを提供する必要があることなどの理由から、法務局のうち法務大臣の指定する法務局です。

「あと遺言書があるとしたら貸金庫の中か。

そうそう、今日は貸金庫の問題でも相談に乗ってほしかったんだ」

「電話で言っていた件だろ。でも、お兄さんの言ってることは正しいよ。銀行実務では相続人全員の同意が必要とされていることが多いから。銀行に言われたことを皆に言ってるだけだろう。とりあえず書類を揃えよう。事前にお兄さんに渡すのも不安だろうから、直接銀行に渡せばいいと思う。開扉のときは俺も立ち合おうか？」

実務論点

3 貸金庫の開扉の方法

金融機関は、貸金庫の開扉を処分行為と捉えていますので、相続人全員の同意と立会いを求めています。したがって、遺産分割によって、貸金庫の権利帰属が決定するより前に、共同相続人の一人から開扉の請求があっても、金融機関はこれを拒否する取扱いとなっています。

本件では、相続人の全員の同意と立会いがありますので、貸金庫の開扉ができることになりそうです。


「頼むよ。兄貴は、建築メーカーでセールスとかもやってたから、丸め込まれそうで心配なんだ」

「分かったよ」

――祐人は力強い味方を得たと思い、ここに来るまでの不安感が一気に消し飛んだ。愛子も亜季も同様だった。

「お兄さんには、俺からも連絡しておくよ。銀行に行く日が決まったら連絡するから」

「ありがとう。連絡待ってるよ」

5 貸金庫の開扉と「二通の遺言書」

――二週間後、かいこう銀行鶴岡駅前支店において、鈴木弁護士も同席し、相続人全員立会いの下、貸金庫が開扉された。

貸金庫の中には、表に「遺言書」と書かれた封筒が一通保管されていた。その遺言書の裏には「平成二五年九月一一日　寺田信太郎」と記載されていた。

遺言書を誰が保管するかで真人と祐人らで一悶着あったが、結局、鈴木弁護士が保管し、仏壇の引き出しにあった遺言書とともに遺言書の検認申立てを行うこととなった。

「家庭裁判所から『検認期日通知書』が郵送されるから、検認に立ち会いたければ、その日に裁判所に来てくれ」

――鈴木は、そう言うと、遺言書をしまった鞄を持って車に乗り込んだ。

祐人が鈴木を見送って銀行のロビーに戻ろうとすると、愛子と話を終えた真人と出口で鉢合わせになった。

「母さんも随分頑固になったな。お前もいつまでもみかんやキウイにこだわってないで賢くなれよ」

――真人は、捨て台詞を吐いて、そのままタクシーに乗り込んだ。いったい何なんだ。祐人がきょとんとしていると、愛子が寄ってきた。

「兄貴に何か言われたのか」

――祐人が愛子に聞いた。

「ああ。あの子は、農業なんてやっていても先がないんだから、皆でキウイ畑を売却しようって言ってきたんだよ。お父さんや祐人が頑張ってやってきたんだから、そんなに簡単にはいかないよって言ったら、突然怒りだして……。業者に売却の話をしているって言ってた」

――愛子は心底落胆した表情をしていた。

「大丈夫だよ。親父は遺言書で公平に決めておいてくれているはずだよ」

――愛子も祐人も、今すぐにでも遺言書を開封したい衝動に駆られた。

⑥ 遺言書の検認期日

――祐人は、愛子を連れて、開港家庭裁判所に向かった。

高齢の愛子には自宅にいるように言ったが、どうしても行きたいと言い張るので、一緒に出かけることにした。

開港家庭裁判所は、開港市の中心部にある「開港駅」で乗り換え、二つ目の「岩崎町」で下車し、川沿いを五分ほど歩いたところの白色の三階建ての建物である。鈴木がロビーで待っていた。

「おはよう。お疲れ様」

「兄貴は？」

「先に来ているよ。さっき挨拶しておいたよ。待合室にいるはずだよ」

「何か言ってなかったか？」

「何にも言ってなかったけど……。

でも、ピリピリした雰囲気だったけど、何かあったのか？」

「まあ、色々とね。待合室で一緒になるのは嫌だから、俺たちはここで待つよ」

「分かった。声をかけられたら、呼びに来るから」

「頼んだ」

――鈴木は、階段を駆け上がっていった。

しばらくすると鈴木が上から降りてきて、階段の途中から手招きした。

「もう呼ばれたよ。第一審判廷に入ってくれ」

――祐人は、愛子の手を引いて、二階まで行った。

二階に付くと赤いランプの付いた「第一審判廷」という文字が目に入った。

中に入ると、既に真人が腕組みして着席していた。

「愛子さん、真人さん、祐人さんの順でお掛けください」

裁判所の職員と思われる男性が祐人に声をかけてきた。

遺言検認期日

1　検認手続の説明

職員「相続人の方は全員お揃いですか？」

真人「あと一人甥がいるはずなんだが」

祐人「利彦君は学生なので、今日は来れません。

欠席届を預かってきました」

――祐人は、今朝、亜季から預かった欠席届を職員に手渡した。

職員「では、これから遺言書の検認期日を行います。

担当書記官の浅野です。よろしくお願いします。

今回、検認する遺言は、二通の封筒ということになります。

開封後、裁判官から皆さんに遺言書の文字がご本人の文字であるか、押してある印影がご本人の印によるものであるかを確認させていただきます。

その際は、何かと比べたりする必要はありません。ご自分のご記憶でお答えください。分からない場合は分からないと答えていただいて構いません。
お送りした書面にも書かせていただいたように、この手続は、遺言書の有効・無効を決める手続ではありません。
間もなく裁判官が参りますので、しばらくお待ちください」

――浅野書記官が脇机に移動したところに、裁判官が入室し、真人、祐人らに対し頭を下げ、席についた。

2　遺言の検認手続

裁判官「では、これから寺田信太郎さんの遺言書の検認手続を行います。本件申立人の愛子さんの鈴木代理人、遺言書をお見せください」

――鈴木は、鞄から二通の封筒を取り出し、裁判官に手渡した。

裁判官「発見したときの経緯と保管状況をお伺いします」
鈴木「はい。まず、信太郎さんの妻の愛子さんが仏壇を整理している際に、引き出しから発見しました」
裁判官「では、二通目の遺言書はどうですか」
鈴木「はい。先日、相続人全員で、かいこう銀行鶴岡駅前支店の貸金庫を開扉しにいき、貸金庫の中から見つけました。二通とも事務所の金庫において保管していました」
裁判官「分かりました。では、遺言書を開封しましょう」

――裁判官から遺言書を渡された浅野は、慎重に、貸金庫に入っていた封筒にはさみを入れ始めた。

真人、祐人らは、息をのんで見つめていた。

裁判官は開封された封筒を浅野から受け取ると、中から数枚の紙を取り出して広げ、数秒、間を置いて読み始めた。

裁判官「『私、寺田信太郎は、

一　別紙不動産目録記載の不動産（自宅の土地建物）を長男真人に相続させる。

二　別紙不動産目録記載の不動産（畑三筆）を二男祐人に相続させる。

三　別紙預貯金目録記載の預貯金を三男隼人に相続させる。

四　三男隼人の妻亜季に介護をしてくれたお礼として別紙株式目録記載の株式を相続させる』

とあります」

――愛子は、信太郎が亜季の介護に感謝していると知り、ほっとした。

裁判官は、一枚目をめくった後、ちょっと間を置いて次のように説明した。

裁判官「紙全体につき、遺言書の第一項と第四項については左上から右下にかけて赤い斜線が引いてあります。不動産目録と預貯金目録の方には、特に斜線等の記載はありません。では、順番に、信太郎さんご本人の筆跡と印鑑であるかを確認してください」

――全員が順番に遺言書を確認し、席に戻ると、裁判官は、浅野に対し、もう一つの仏壇で発見された遺言書を開封するよう指示した。

その封筒の中には、封筒が二つ入っていた。

浅野は、封筒を開封し、それぞれ裁判官に手渡した。

裁判官は、まず封筒の一つから束になった紙の塊を取り出し、一枚目の紙にざっと目を通し、読み上げた。

裁判官「『私、寺田信太郎は、別添の遺産を全て祐人に相続させる。』と記載されています。それに付言事項として亜季さんに対するお礼の記載もあります」

実務論点

4　付言事項

遺言書の中に、遺言をすることによって法的な効果を生ずる「遺言事項」の他に、相続人や関係人への感謝、形見分けの方法などを記載することができます。

——祐人の表情が明るくなった。

裁判官は、紙を一枚めくった。

二枚目以降は不動産登記事項証明書等が添付されていた。

裁判官「不動産登記事項証明書が添付されていますが、証明書に署名押印がありませんね」

——裁判官は、証明書をめくりながら、けげんな表情をした。

鈴木・祐人「えっ」

——裁判官は、次の遺言書を手に取った。

裁判官「もう一つの封通の中の紙には、『相続分は、愛子二分の一、祐人二分の一と指定する。他の相続人の相続分は零と指定する。』とあります。しかし、これには、署名のみで日付と押印はありません」

改正法Q&A

Q4　相続分の指定とは？

A　遺言者（被相続人）が、その意思に基づき、共同相続人の中の特定の者の相続分について法定相続分と異なった割合を定めること（民九〇二条）を遺言による相続分の指定といいます。遺産の二分の一や三分の一など、相続財産全体に対する分数的割合で示されるのがこの典型です。

相続分の指定により、当然に法定相続分の割合を修正する効果が生じますが、このような相続分の指定は、それ自体によっては、遺産共有の状態に変更を加えるものではなく、各相続人に対し、個々の相続財産に対する具体的権利を取得させるという効果を有するものではありません。

したがって、相続分の指定がされたにとどまる場合は、専ら遺産分割として処理することになります。

なお、本件においては、愛子さんと祐人さんが各二分の一、真人さんと利彦さんの相続分は零とする相続分の指定がなされています。

「真人と利彦の相続分は零と指定する」相続分の指定は両名の遺留分を侵害するものです。

改正前民法下においては、「遺留分に関する規定に反することができない」（改正前民法九〇〇条一項ただし書）と規定していたことから、遺留分を超える相続分の指定があった場合の効力が問題となり、見解が対立していました。

しかし、改正法は、前記規定を削除し、相続分の指定を受けた相続人を受遺者の中に含め、遺留分権利者が受遺者に対し、遺留分侵害額に相当する金銭の支払を請求することができるものとしました（民一〇四六条一項）。

実務論点

5 自筆証書遺言の要式性

日付は、遺言能力の存否判断や、複数の遺言書の先後を確定する上で重要であり、日付を欠くと方式不備となります（民九六八条一項）。

日付は、年月日まで客観的に特定できるように記載しなければなりません。

また、押印も必要です。押印は、全文の自書とあいまって遺言書作成の真正さを担保するものです。

わが国の慣行ないし法意識としては、重要な文書については作成者が署名した上で押印することによって文書の作成が完結する（最一小判平成元年二月一六日民集四三巻二号四五頁）と解されています。

――裁判官は、遺言書についてそれぞれ全員に意見を確認し、そして、検認手続は終了した。

●検認の実施

検認期日では、現状を保管するために、家庭裁判所が遺言の方式に関する一切の事実を調査した上、裁判所書記官は、当該遺言書を複写して遺言書検認調書を作成します（家事法二一一条）。

検認を終えた遺言書は、申請により検認済証明をして提出者へ返還されることになります。

「祐人、愛子さん、この後、時間ありますか。今の手続を説明したいのですが」

「僕も話を聞きたい。裁判官が言ったことはどういうことなんだ」

「どの遺言書も有効性に問題があるんだよ。事務所で説明するよ」

【参考1】 遺言書の一覧と比較

	遺言書1	遺言書2	遺言書3
日　付	平成25年9月11日	平成31年2月28日	日付なし
発見場所	貸金庫	仏　壇	
内　容（概要）	1　別紙不動産目録記載の不動産（自宅の土地建物）を長男真人に相続させる。 2　別紙不動産目録記載の不動産（畑三筆）を二男祐人に相続させる。 3　別紙預貯金目録記載の預貯金を三男隼人に相続させる。 4　三男隼人の妻亜季に別紙株式目録記載の株式を相続させる。	別添の遺産を全て祐人に相続させる。 亜季さんには大変お世話になった。ありがとう。	相続分を，愛子2分の1，祐人2分の1と指定する。他の相続人の相続分を0とする。
状　況	第1項と第4項につき赤の斜線が引かれている。	目録の代わりに不動産登記事項証明書が添付されていたが，証明書の各葉に署名押印がない。	遺言書に署名はされているが，日付と押印がない。
無効事由	本件自筆証書遺言中，第1項と第4項については，斜線が引かれており，「故意に遺言書を破棄したとき」に該当し，これにより本件遺言を撤回したものとみなされることになる（最二小判平成27年11月20日）。第3項については，隼人は，遺言者信太郎の死亡以前に死亡しているので，特段の事情がない限り，遺言の効力は生じない（最三小判平成23年2月22日）。	民法968条2項により，目録については，自書することを要しないとされているが，その目録の各葉に署名押印しなければならないところ，本件自筆証書遺言ではそれが欠けているため無効となる。	民法968条1項の要件のうち，本件自筆証書遺言では日付と押印がないので無効となる。

7 鈴木法律事務所——無効の遺言書と遺産分割手続の検討

「まず貸金庫にあった遺言書から説明しよう」

——そう言って、鈴木弁護士は、先ほど書記官から返還を受けた遺言書を取り出した。

「まず、この遺言書のうち、隼人さんに宛てた第三項についてだけど、隼人さんはお父さんが亡くなる前に死亡しているので、この部分は無効となるんだ」

実務論点

6 「相続させる」旨の遺言と代襲相続の可否

被相続人（信太郎）が「相続させる」旨の遺言をしたが、その遺言の効力発生前に遺言の名宛人である推定相続人（隼人）が死亡した場合、民法八八七条の規定により、隼人の子（利彦）が隼人が相続するはずであった特定遺産を代襲相続できるかという論点について、最三小判平成二三年二月二二日（民集六五巻二号六九九頁）は、推定相続人の代襲者その他の者に遺産を相続させる旨の意思を有していたとみるべき特段の事情のない限り、その効力を生ずることはないと判示しています。

●遺言の名宛人の死亡と「相続させる」旨の遺言の効力

本件は、隼人さんが被相続人の信太郎さんより先に死亡しているところ、信太郎さんには、当該推定相続人の代襲者（利彦さん）その他の者に遺産を相続させる旨の意思を有していたとみるべき特段の事情が認められませんので、遺言の効力を生ずることはありません。

鈴木弁護士は、この判例に基づいて結論を説明しています。

「次に、遺言書の第一項と第四項には、真人さんと亜季さんに宛てた条項があるよね。しかし、条項に赤色斜線で引いてあるでしょ。最近、判例が出て、遺言書を破棄したものとしているから、相続させる対象としての遺産がないことになる」

「じゃあ、兄貴と亜季さんに対する遺言はなかったってということ?」

「そうなる」

実務論点

7 赤色斜線で引いた遺言書の効力

赤色斜線で引いた行為は、「故意に遺言書を破棄したとき」(民一〇二四条前段)に当たると解されます(最二小判平成二七年一一月二〇日家判六号六〇頁)。

「隼人と兄貴の点は分かった。じゃあ、仏壇にあった遺言書で『相続させる』とあった僕の部分は有効だよね? 親父は農業を継がせるために遺言を書いたんだから」

――祐人は、堰を切ったように話し始めた。

「実は、自筆証書遺言は全文を自筆で書いてあることが要件なんだが、法律が変わって、目録部分に限って、パソコンで作成したり、通帳や登記事項証明書のコピーを添付することが認められたんだ」

「だったら何にも問題ないよね」

「しかし、目録が数枚にわたるときは、登記事項証明書の各葉に署名押印をしなければならないことになっている。しかし、この目録にはお父さんの署名押印がないんだ」

「それって……」

改正法Q&A

Q5　自筆証書遺言の方式緩和（不動産登記事項証明書の添付）とは？

A　遺言者は、遺言書の全文を自分で書かなければなりません。自書とは、遺言者が自筆で書くことを意味します。

改正前民法下では、このように遺言書の全文を自分で書かなければならないものとされていたことから、遺言者が多数の不動産や預貯金口座を有している場合には、地番、地積、金融機関名、口座番号等についても自書が必要でした。しかし、これらに自書を求めることにより、記載ミスのため、財産が特定できず、効力が認められないこともありました。

そこで、民法九六八条二項は、自筆証書遺言に相続財産等の目録を添付する場合には、その目録については自書を要しないとし、パソコン等を用いて作成すること、代書、不動産の全部事項証明書や預貯金通帳のコピーを目録として使用することも許されるものとして、自筆証書遺言の方式を緩和しました。

自書によらない財産目録の「毎葉」（財産目録の全ての用紙）には、署名押印が必要です（民九六八条二項）。自書によらない財産目録を差し替えるなどして遺言書を偽造・変造することが容易になることを防止するためです。

本件は、自書によらない財産目録の「毎葉」に署名押印がないため、効力が認められないことになります。

――祐人はつばを飲み込んだ。

「この遺言書も無効の可能性が高いってことになるね」

――親父の意思ははっきりしているのに……。祐人は納得いかない気持ちでいっぱいだった。

「訴訟で遺言書の有効性を確認することもできるが、有効と認められることは、まず難しいね」

――祐人と愛子は黙り込んでしまった。

「最後に相続分を僕とお袋に各二分の一というやつはどうなんだ？」

「その遺言書は、押印と日付がないから、無効になるね。三通の遺言書がいずれも無効だから、遺産共有の関係にあることになる。なので、今後、遺産分割手続を行っていくことになるね」

●自筆証書遺言の要式性

相続分が指定されている仏壇にあった遺言書は、日付と押印が欠けているので、方式不備になります。

――祐人は鈴木弁護士の説明に呆然とした。

「遺言について訴訟をするかどうかは、帰って相談するよ。少し時間をくれ」

――祐人はそう言って席を立った。

⑧ 遺産分割（一部分割）調停の申立て

「大変長らくお待たせしました。一四番の番号札をお持ちの方、一番の窓口においでください」

――ボイスコールの女性の声が、待合室に響いた。真人は手に持った番号札をちらっと見て一番の窓口に向かった。

「今日は、どのようなご用件でお越しですか」

――女性の職員が丁寧な口調で語りかけた。

「父親が、先日、死んだんだけど、母親や弟が遺産をがめていて渡さないんだよ」

――真人はそう言いながら鞄から書類を取り出し、職員に渡した。職員は、真人の話を聞きながら、渡された書類をめくり、一枚目の「遺産分割調停申立書」を取り出し、所定箇所を鉛筆でチェックし始めた。

「すみません。分割する遺産は目録一番・二番の土地だけでよろしいですか？　他にも不動産や預金があるようですけど」

「ああ。他にもみかん畑や自宅の土地と建物とかあるんだけど、目録三番のみかん畑は斜面なんで買い手が付きそうにないんだ。しかし、目録一番、二番の土地はキウイ畑で、平地なんだよね。とりあえずキウイ畑だけ、マンション用として売却し、早く現金化したいんだ。買い手もほぼ決まってるんだ。他はあとでゆっくり分けるよ」

「分かりました。遺産の一部を分割したいってことですね」

「まあ、そうなるかな」

「それと事情説明書には『遺産を独占しようとしたり、法定相続分を超える遺産を取得しようとする相続人がいる』という記載にチェックがありますが、これはどなたが主張されているんですか」

「ああ、それね。農業をやってる二男だよ。家業を手伝っていた。それと三男の妻が相続人でもないくせに父親の面倒を見ていたとかでお金を要求しそうなんだ」

――真人は、愛子が検認手続において、以前「亜季さんには、随分お世話になったから、遺産を少しでも渡してあげられないかしら。お父さんも望んでいると思うし」と話していたことを思い出した。本当なら、長男の俺が全部もらうのが当然なのに……。母さんも随分取り込まれたものだ……。

「三男の配偶者の方が、お金を請求しているのであれば、別途の手続を取ってもらう必要があるのですが、とりあえずこのまま受付いたします。他に不足書類等がある場合には、担当から連絡させていただきます」

――職員は、真人に対し、事件番号と担当を記載した受付票を手渡した。真人は、受付票を二つ折りにして鞄にしまい、裁判所を後にした。

【参考２】　遺産分割調停申立書（一部分割）

この申立書の写しは，法律の定めるところにより，申立ての内容を知らせるため，相手方に送付されます。

受付印	遺産分割　☑ 調停　□ 審判　申立書
	（この欄に申立て１件あたり収入印紙１，２００円分を貼ってください。）
収入印紙　　円	
予納郵便切手　　円	（貼った印紙に押印しないでください。）

開港　家庭裁判所　御中 令和 2 年 12 月 16 日	申立人 （又は法定代理人など） の記名押印	寺　田　真　人　㊞

添付書類	（審理のために必要な場合は，追加書類の提出をお願いすることがあります。） ☑ 戸籍（除籍・改製原戸籍）謄本（全部事項証明書）合計　通 ☑ 住民票又は戸籍附票　合計　通　☑ 不動産登記事項証明書　合計　通 ☑ 固定資産評価証明書　合計　通　☑ 預貯金通帳写し又は残高証明書　合計　通 □ 有価証券写し　合計　通　□	準口頭

当事者		省略
被相続人	最後の住所	〇〇　都道府㊋県　開港市中央区鶴岡一丁目１１番３号
	フリガナ 氏名	寺《テラ》田《ダ》　信太郎《シンタロウ》　平成／㊋令和 2 年 6 月 27 日死亡

申　立　て　の　趣　旨
□ 被相続人の遺産の全部の分割の（□ 調停 ／ □審判）を求める。
☑ 被相続人の遺産のうち，別紙遺産目録記載の次の遺産の分割の（☑ 調停 ／ □ 審判）を求める。※1
【土地】　1、2　【建物】
【現金，預・貯金，株式等】

申　立　て　の　理　由			
遺産の種類及び内容	別紙遺産目録記載のとおり		
特別受益 ※2	□ 有 ／	☑ 無 ／	□ 不明
事前の遺産の一部分割 ※3	□ 有 ／	☑ 無 ／	□ 不明
事前の預貯金債権の行使 ※4	□ 有 ／	□ 無 ／	☑ 不明
申立ての動機	☑ 分割の方法が決まらない。 □ 相続人の資格に争いがある。 □ 遺産の範囲に争いがある。 □ その他（　　）		

（注）太枠の中だけ記入してください。□の部分は該当するものにチェックしてください。

※１　一部の分割を求める場合は，分割の対象とする各遺産目録記載の遺産の番号を記入してください。

※２　被相続人から生前に贈与を受けている等特別な利益を受けている者の有無を選択してください。「有」を選択した場合には，遺産目録のほかに，特別受益目録を作成の上，別紙として添付してください。

※３　この申立てまでにした被相続人の遺産の一部の分割の有無を選択してください。「有」を選択した場合には，遺産目録のほかに，分割済遺産目録を作成の上，別紙として添付してください。

※４　相続開始時からこの申立てまでに各共同相続人が民法９０９条の２に基づいて単独でした預貯金債権の行使の有無を選択してください。「有」を選択した場合には，遺産目録【現金，預・貯金，株式等】に記載されている当該預貯金債権の欄の備考欄に権利行使の内容を記入してください。

遺産（1/5）

序章

この申立書の写しは，法律の定めるところにより，申立ての内容を知らせるため，相手方に送付されます。

当　事　者　目　録

☑申立人 □相手方	住所	〒○○○－○○○○ ○○県開港市中央区余田三丁目33番8号　カルム余田403 （　　方）	
	フリガナ 氏名	寺《テラ》田《ダ》真《マサ》人《ト》	大正・(昭和)・平成・令和 40年 2月 28日生（55歳）
	被相続人との続柄	長男	
□申立人 ☑相手方	住所	〒○○○－○○○○ ○○県開港市中央区鶴岡一丁目11番３号（　　方）	
	フリガナ 氏名	寺《テラ》田《ダ》愛《アイ》子《コ》	大正・(昭和)・平成・令和 15年 2月 28日生（80歳）
	被相続人との続柄	配偶者	
□申立人 ☑相手方	住所	〒○○○－○○○○ ○○県開港市中央区今道三丁目８番２号（　　方）	
	フリガナ 氏名	寺《テラ》田《ダ》祐《ユウ》人《ト》	大正・(昭和)・平成・令和 45年 5月 1日生（50歳）
	被相続人との続柄	二男	
□申立人 ☑相手方	住所	〒○○○－○○○○ ○○県開港市中央区鶴岡一丁目３番24号（　　方）	
	フリガナ 氏名	寺《テラ》田《ダ》利《トシ》彦《ヒコ》	大正・昭和・(平成)・令和 11年 2月 11日生（21歳）
	被相続人との続柄		
□申立人 □相手方	住所	〒　　－ （　　方）	
	フリガナ 氏名		大正・昭和・平成・令和　年　月　日生（　歳）
	被相続人との続柄		

（注）□の部分は該当するものにチェックしてください。

この申立書の写しは，法律の定めるところにより，申立ての内容を知らせるため，相手方に送付されます。

遺　産　目　録（□特別受益目録，□分割済遺産目録）

【土　地】

番号	所　　　在	地　番		地目	地　積		備　考
		番			平方メートル		
1	開港市中央区千広三丁目	1	4	畑	2515		【キウイ畑】
2	開港市中央区千広三丁目	1	5	畑	1700		【キウイ畑】
3	開港市中央区米田一丁目	2	7	畑	3865		【みかん畑】
4	開港市中央区鶴岡一丁目	11	3	宅地	250	00	建物1の敷地

（注）この目録を特別受益目録又は分割済遺産目録として使用する場合には，（□特別受益目録又は□分割済遺産目録）の□の部分をチェックしてください。また，備考欄には，特別受益目録として使用する場合は被相続人から生前に贈与を受けた相続人の氏名，分割済遺産目録として使用する場合は遺産を取得した相続人の氏名を記載してください。

遺産（3/5）

この申立書の写しは，法律の定めるところにより，申立ての内容を知らせるため，相手方に送付されます。

遺　産　目　録（□特別受益目録，□分割済遺産目録）

【建　物】

番号	所　在	家屋番号	種　類	構　造	床面積（平方メートル）		備　考
1	開港市中央区鶴岡一丁目11番地	11番3	居宅	木造かわらぶき2階建	55 45	00 00	

（注）この目録を特別受益目録又は分割済遺産目録として使用する場合には，（□特別受益目録又は□分割済遺産目録）の□の部分をチェックしてください。また，備考欄には，特別受益目録として使用する場合は被相続人から生前に贈与を受けた相続人の氏名，分割済遺産目録として使用する場合は遺産を取得した相続人の氏名を記載してください。

遺産（4/5）

この申立書の写しは，法律の定めるところにより，申立ての内容を知らせるため，相手方に送付されます。

遺　産　目　録（□特別受益目録，□分割済遺産目録）

【現金，預・貯金，株式等】

番号	品　　目	単　位	数　量（金　額）	備　考
1	かいこう銀行鶴岡駅前支店 普通預金 口座番号（1111111）		9,000,000円 （令和２年６月27日残高）	
2	かいこう銀行鶴岡駅前支店 定期預金 口座番号（2222222）		3,000,000円 （令和２年６月27日残高）	
3	霧笛信用金庫米田支店 スーパー定期預金 口座番号（3333333）		3,500,000円 （令和２年６月27日残高）	
4	株式会社港町鉄道　株式		100株	
5	波止場電気株式会社　株式		100株	

（注）この目録を特別受益目録又は分割済遺産目録として使用する場合には，（□特別受益目録又は□分割済遺産目録）の□の部分をチェックしてください。また，備考欄には，特別受益目録として使用する場合は被相続人から生前に贈与を受けた相続人の氏名，分割済遺産目録として使用する場合は遺産を取得した相続人の氏名を記載してください。

遺産（5/5）

【参考3】 事情説明書（一部分割）

開港家庭裁判所遺産分割係　宛　　　　令和　　年（家　　）第　　　　号

（期日通知等に書かれた事件番号をお書きください。）

事情説明書（遺産分割）

令和 2 年 12 月 16 日　　　申立人（ふりがな）寺《てら》 田《だ》 真《まさ》 人《と》　印

この書類は，申立ての内容に関する事項を記載していただくものです。あてはまる事項にチェックを付け（複数可），必要事項を記入の上，申立書とともに提出してください。 **なお，調停手続では，この書類は相手方には送付しませんが，相手方から申請があれば，閲覧やコピーが許可されることがあります。審判手続では，相手方に送付しますので，審判を申し立てる方は，相手方人数分のコピーも併せて提出してください。**
（代理人弁護士の方へ）本書面は，申立人本人作成，代理人作成のいずれでもかまいません。申立書と重複した内容があっても，お手数ですが記載してください。

第１　遺産分割の前提となる問題についてお聞きします。	
1【遺言書】 被相続人の遺言書はありましたか？	□ 遺言書はなかった。 □ 公正証書による遺言書があった。 ☑ 自筆証書による遺言書があった。　⇒下記 ※へ □ 分からない。
	※ 裁判所による遺言書の検認は受けましたか？ ☑ 検認を受けた。 （開港家庭裁判所　　支部　平成・令和（○） 2 年(家)第○○号，第○○号，第○○号） □ まだ検認を受けていない。 □ 分からない。
2【遺産分割協議】 相続人間で遺産分割について話し合いましたか？	□ 遺産分割の話合いがまとまった。　⇒下記 ※へ ☑ 遺産分割を話し合ったがまとまらなかった。 □ 遺産分割について話し合っていない。
	※ 遺産分割協議書を作りましたか？ □ はい　　□ いいえ
3【事前の遺産の一部分割】 この申立てまでに，被相続人の遺産の一部のみを対象にして，分割をしたことがありますか？	□ はい。　⇒下記 ※へ ☑ いいえ。
	※ 分割の際にどのような書面を作りましたか？ □ 裁判所の審判書又は調停調書（事件番号　　家庭裁判所　　支部　平成・令和　　年（家　　）第　　　号） □ 遺産分割協議書 □ その他（　　　　）
4【事前の預貯金債権の行使】 この申立てまでに，民法９０９条の２に基づいて預貯金債権を単独で行使した相続人はいますか？	□ はい。　⇒下記 ※へ □ いいえ。 ☑ 分からない。
	※ 権利行使の内容が分かる文書がありますか？ □ はい。（□金融機関発行の証明書等　□その他（　　　　）） □ いいえ。
5【相続人の範囲】 誰が相続人なのか明らかですか？	☑ 明らかである（申立書の当事者目録のとおりである。）。 □ 明らかでない。 (その人の氏名　　　　) (被相続人との続柄　　　　) (明らかでない理由　　　　)

6【相続人の判断能力】 相続人の中に，認知症や精神障害などがあって，ご自身で物事を判断することが困難な方はいますか？	☑ いない。 □ いる。　（相続人名　　　　　　）⇒下記 ※へ □ 分からない。 ※ 家庭裁判所で後見人等を選任しましたか？ □ 選任した。 （　　家庭裁判所　　支部　平成・令和　年（家）第　　号） □ 選任していない。
7【相続人の行方不明】 相続人の中に，行方不明の方はいますか？	☑ いない。 □ いる。（相続人名　　　　　　）⇒下記 ※へ ※ 家庭裁判所で不在者財産管理人を選任しましたか？ □ 選任した。 （　　家庭裁判所　　支部　平成・令和　年（家）第　　号） □ 選任していない。
8【遺産の範囲】 遺産かどうかはっきりしないものがありますか？	☑ 遺産目録のとおりである。 □ 概ね遺産目録のとおりだが，他に遺産かもしれないものがある。 それは，次のものです。 ［　　　　　　　　］

遺言書，遺産分割協議書，一部分割の審判書，一部分割の調停調書又は預貯金債権の単独行使の内容が分かる金融機関発効の証明書等をお持ちの方は，初めての期日の1週間前までに，その写しを当係宛に郵送又はFAXして下さい。

第２　被相続人についてお聞きします。	
1　被相続人の死亡原因と死亡までの状態（入院していたとか寝たきりであったなど）をお書きください。	死亡原因　（　病死　） 年　月まで　（　　） 年　月まで　（　　） □ 分からない。
2　被相続人と同居していた相続人はいますか？	□ いない。 ☑ いる。（その相続人の名前　寺田愛子　期間　　年　　か月） □ 分からない。
3　被相続人の身の回りの面倒をみていた相続人はいますか？	□ いない。 □ いる。（その相続人の名前　　　期間　　年　　か月） ☑ 分からない。
4　被相続人はどのように生計を立てていましたか？	☑ 自己の収入で生計を立てていた。 □ 相続人（　　　　）が扶養していた。 □ その他（　　　　） □ 分からない。
5　被相続人の生前，同人から不動産や多額の金銭の贈与を受けた相続人はいますか？	□ いない。 □ いる。（その相続人の名前　　　内容　　　） ☑ 分からない。
6　被相続人に債務がありますか？	□ ない。 □ ある。（内容　　　残債務額　　　） ☑ 分からない。

第3 今回の申立てについてお聞きします。	
1 調停・審判を申し立てるまでのいきさつを教えてください。（該当するもの全てにチェックしてください。）	☑ 遺産分割の話し合いをした。 ⇒下記 ※へ □ 遺産分割の話し合いをしなかった。 （理由 ） ※ なぜ話し合いがまとまらなかったと思いますか？ ＊複数回答可 □ 【遺言書の有効性】を巡って争いになってしまったから。 □ 【遺産分割協議書の有効性】を巡って争いになってしまったから。 □ 【相続人の範囲】を巡って争いになってしまったから。 □ 【遺産の範囲】を巡って争いになってしまったから。 □ 感情的に対立してしまい，話にならなかったから。 ☑ 話合いに応じなかったり，避けたりしている相続人がいるから。 □ 被相続人の債務や税金・葬儀費用等の分担を巡って争いになってしまったから。 □ 使途不明金など過去の管理状況を巡って争いになってしまったから。 ☑ 遺産を独占しようとしたり，法定相続分を超える遺産を取得しようとしたりする相続人がいたから。 □ 代償金をいくら払うかで揉めたから。 ☑ 誰が何を取得するかで揉めたから。 □ その他（ ） □ 分からない。
2 主に争いがあるのは，どの相続人（もしくはグループ）の間ですか？	□ 分からない。 ☑ （ 申立人 ）ＶＳ（ 相手方ら ）ＶＳ（ ）
3 【この欄は，申立ての趣旨が一部分割申立ての場合に記入してください。】 遺産の一部の分割を求める理由をお書きください。	【理由】 ［目録１，２記載の土地は，購入希望者がいるため，早期に売却したい。その余の遺産は，同土地を売却した後で，分割したい。］

第4 分割方法についてお聞きします。	
あなたの希望する分割方法についてお書きください。	☑ 現物の取得を希望する。（遺産目録の番号をお書きください。） 【土地】番号 1，2 【建物】番号 【 】番号 取得を希望する理由： 早期に売却したいから □ 金銭で欲しい。 □ まだ決めていない。

9 開港家庭裁判所遺産分割係

「おはようございます」

――書記官室に稲葉書記官の大きな声が響いた。

稲葉は、昨年四月に書記官に任官し、当初は受付係に配属になったが、この四月に遺産分割係に配置換えになった若手の書記官である。

小林主任書記官が抗告事件の記録の査閲をしながら、返事をした。

「毎朝、元気いいね」

小林は、遺産分割係の立ち上げ時に配属されたが、その後、数回の異動を経て、主任書記官に昇任し、この四月に再び遺産分割係の主任書記官として配属になった。

「あれからもう九年も経つのか」

小林がいない間に係も部屋替えがあったり、メンバーが替わったりと当時とは様相を異にしていた。

「初心、忘るべからずだな」と感慨に浸っていると、「新件お願いします」といつものように受付係の職員が、昨日受理した事件記録の引継ぎに来た。

川人事務官が手際よく事件記録を受け取った。

「主任、点検してからお持ちします」

――三〇分ほど経って、川人が記録を持ってきた。

「法定相続情報一覧図の写しが添付されています。相続関係はそれほど複雑でもありませんが、戸籍が一部不足しています。森下書記官にも見てもらいました」

実務論点

8 法定相続情報証明制度

法定相続情報証明制度は、法務局における法定相続情報証明制度の施行に伴い、法務局において、認証される証明文書です。相続が開始すると、不動産の登記名義の移転（相続登記）や金融機関での払戻手続、名義書換手続において、被相続人が生まれてから死亡するまでの間の連続した戸籍関係書類（戸籍謄本、改製原戸籍謄本、除籍謄本）、相続人の資格を証明する戸籍謄本等の書類の束を提出することが求められ、各手続を行うに当たってコストがかかっていました。そこで、相続人又は代理人が戸籍関係書類等一式を集めて相続関係を一覧に表した図（法定相続情報一覧図、以下「一覧図」という。）を作成し、法務局に提出してその保管を申請し、登記官がその内容を確認したときは、認証文言付の一覧図の写しを交付するという制度が創設されました。この制度は、平成二九年五月二九日から始まったものです。この制度により、一覧図の写しを提出することで、戸籍謄本、除籍謄本等の書類を提出することが不要となり、戸籍謄本等の束に代わり、相続登記等の各手続に利用することができるようになりました。

一覧図には、被相続人の氏名、生年月日、最後の住所及び死亡年月日、相続開始の時における同順位の相続人の氏名、生年月日及び被相続人との続柄が記載されますが（不動産登記規則二四七条一項一号、二号）、被相続人の本籍、被代襲者の氏名についての記載は必要ではなく、相続人の住所は任意記載とされています。また、一覧図の写しに相続人の住所が記載されているときは、これをもって当該相続人の住所証明情報として取り扱っても差し支えないとされています（平成三〇年三月二九日民二第一六六号民事局長通達参照）。

【参考４】　法定相続情報一覧図の写しの例

被相続人　寺田信太郎　　　法定相続情報

最後の住所
○○県開港市中央区鶴岡一丁目11番3号
最後の本籍
○○県開港市中央区鶴岡一丁目
11番地
出生　昭和12年4月7日
死亡　令和2年6月27日
（被相続人）
寺田信太郎

住所　○○県開港市中央区鶴岡
一丁目11番3号
出生　昭和15年2月28日
（妻）
寺田愛子

住所　○○県開港市中央区余田三丁目33番8号　カルム余田403
出生　昭和40年2月28日
（長男）
寺田真人（申出人）

住所　○○県開港市中央区今道三丁目8番2号
出生　昭和45年5月1日
（二男）
寺田祐人

被代襲者
出生　昭和46年9月3日
死亡　平成26年9月3日

住所　○○県開港市中央区鶴岡一丁目3番24号
出生　平成11年2月11日
（孫・代襲者）
寺田利彦

作成日：
作成者：住所
氏名　　　　印

これは，令和○年○月○日に申出のあった当局保管に係る
法定相続情報一覧図の写しである。
○○法務局　　登記官　○○○○　認印

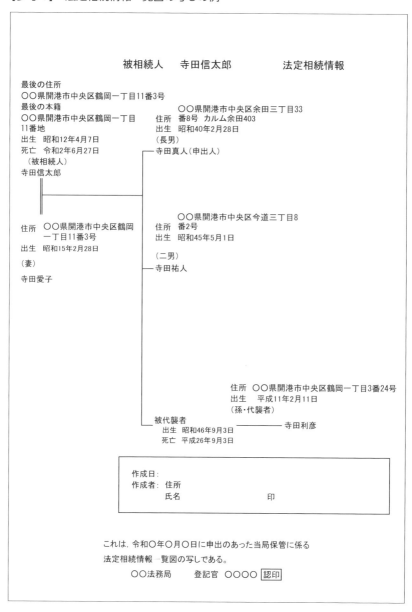

●法定相続情報証明制度の施行に伴う相続関係事件に関する申立ての添付書類

一覧図の受付及び手続案内における取扱いとしては、次のとおりです（なお、各庁において取扱いが異なりますので、注意をしてください。）。

1　遺言書検認事件、相続放棄（限定承認、期間伸長を含む。）事件、相続財産管理人選任事件等については、一覧図が提出された場合、当該一覧図に記載された者に関する戸籍謄本等は、改めて提出を求めませんが、裁判官の判断で、戸籍謄本等その他の追完が求められることがあります。

2　遺産分割事件においては、一覧図のほかに、相続人の現在の住民票（申立前三か月以内に発行され、マイナンバーの記載がないもの）又は戸籍の附票及び戸籍謄本（いずれも申立前三か月以内に発行されたもの）が必要とされます。なお、裁判官の指示で、戸籍謄本等その他の追完が求められることがあります。

――森下は、書記官経験一〇年で、民事事件、民事執行事件等を経験した後、一昨年から遺産分割係に配属になった中堅書記官である。後輩指導に熱心で、稲葉のみならず川人にも戸籍の確認方法など日頃教えている姿をよく見かけている。

「受付係からの引継ぎによると特別寄与料請求の申立てがあるかもしれないですよ」

「さすがだね。ありがとう」

――小林は、記録をめくりながら検討を始めた。

配偶者と子が二人、代襲相続人が一人か……。確かに川人が言うように相続関係は複雑ではないな。

遺産は、自宅の土地建物と畑三筆、預金、株式か……。

おっ……。そのうち二筆の土地だけ先に分割を求める一部分割の申立てか。相手方から他に遺産も主張される可能性があるけど、土地には抵当権も設定されていないし、権利関係も複雑ではないようだな。

「順番だと、それ、僕の担当じゃないですか？」

――稲葉が小林に対し申し出た。

「畑の一部分割を求めている事件だけど」

「ぜひ、担当させてください」

「じゃあ、森下さんにフォローしてもらおう。森下さん、稲葉さんに色々教えてやってくれるかな」

「了解しました。はじめの一歩が大切ですからね。

じゃあ、まず記録を読むところから始めようか。まず、申立書の形式的な記載事項が提出された書類と一致しているかを確認しよう。

相続関係と遺産関係の点は確認済みだけど、相続人の戸籍が不足しているようだね。これが終わったら、前提問題を見ていこう」

――稲葉は事情説明書を上から順番に確認し始めた。

「森下さん。遺言書がありますよ。検認申立ては、既に終了しています」

——申立人から提出された検認調書の写しによれば、三通の遺言書は無効となる可能性があることが分かった。

「なるほど、それで、遺産分割調停か。他に問題になることはあるかな」

「受付段階での話によれば、二男の祐人さんが農業に関して家業従事型の寄与分を主張する可能性があります。

それと三男の配偶者が特別寄与料を請求するかもしれません。

身分関係ですが、相続人全員の現在戸籍が不足しています。」

——稲葉と森下は、記録を見ながら一通りの問題点を把握した。

「じゃあ、問題点を書いて、裁判官に記録を上げてください」

——稲葉は、問題点を記載したメモを作成し、山崎彩裁判官に記録を上げた。

山崎からは、相続人全員の戸籍の追完を求め、その提出を受けて期日を指定するよう指示がなされた。

そして、調停委員として、ベテランの石原亮恵委員と経験の浅い杉浦虎太郎委員が指定された。

●相続人全員の戸籍の追完指示

遺産分割事件には、被相続人から相続人の妻（夫）や子（孫）に対する贈与が問題となる事案、相続人の妻による寄与が問題となる事案、遺産の分割方法が激しく対立する事案等があります。このような事案においては、相続人全員の戸籍謄本を通じて、被相続人との血族関係（全血・半血）、相続人の家族状況（配偶者、子の年齢、居住地等）と被相続人との生活関係、相続分の確定、特別受益や寄与分の成否と額、遺産分割方法、紛争の全体像等を検討することが可能になります。すなわち、一覧図だけでは、被相続人の家庭の状況が把握できない事案があると思われます。

そこで、実務においては、一覧図で足りる事案と、相続人全員の戸籍謄本（原本）、相続人全員の戸籍の附票又は住民票の写し（原本・取得後三か月以内）の提出を求める事案に分けて扱いを変えています。

現在、遺産分割事件においては、受付段階では、一覧図と相続人の現在の住民票又は戸籍の附票及び戸籍謄本の提出で足りるものとしていますが、事件の内容に応じて、裁判官の判断で戸籍の追完を求めることがあります。

本件は、祐人さんによる寄与、亡隼人さんの妻亜季さんによる特別寄与料が問題となる可能性がある事案ですから、家族関係や遺産の分割方法を検討するに当たっては、一覧図では足りないと考えられます。

山崎裁判官は、相続人全員の戸籍謄本等を提出するよう指示し、その提出を受けて期日指定をするものと判断しています。事案の概要を把握し、進行管理をするためにはこれらの資料の必要があると判断したからです。

――「遺言書は確認したかい」

森下が裁判官室から戻った記録を読んでいた稲葉に声をかけた。

「一応読みました」

「どんな遺言書だった」

「え〜っと、三通の遺言書があって、二通は確か三人の息子にそれぞれ相続させるって内容だったと思います」

「いわゆる『相続させる』旨の遺言だったよね。じゃあ質問だけど、『相続させる』旨の遺言はどういう効力があるのかな」

「確か死亡時に直ちに相続人に相続承継されるんだったと……」

「そのとおり。じゃあ登記手続は誰ができるのかな」

「直ちに相続されるから、被相続人名義なら相続人自ら相続登記ができるんじゃないかと思います」

●「相続させる」旨の遺言による登記

「相続」を原因とする所有権移転登記は、相続人が申請できることから、特定の遺産についての所有権移転登記は、特定の相続人が単独で申請できるものと解されます。

森下書記官と稲葉書記官は、「相続させる」旨の遺言の効力と登記手続を確認しています。

実務論点

9 「相続させる」旨の遺言

わが国の公正証書遺言作成の実務（公証実務）においては、これまで、「特定の遺産を、特定の相続人に、相続させる」旨の遺言が奨励されてきた経緯があります。それは、「特定遺贈と同様の処理をしつつ、登録免許税において相続人に有利な取扱いをする」という要因がありました。そこで、「相続させる」旨の遺言の法的意味をどのように捉えるかについて議論がなされていました。

この点につき、判例（最二小判平成三年四月一九日民集四五巻四号四七七頁、いわゆる香川判決）は、「相続させる」旨の遺言につき、遺産分割効果説を採用し、遺言書の記載から、その趣旨が遺贈であることが明らかであるか又は遺贈と解すべき特段の事情がない限り、遺贈と解すべきではなく、遺産の分割の方法を定めた遺言であると解し、遺産分割手続を要することなく、当然に特定の遺産が特定の相続人に移転するとして、実務上の決着をつけました。

「相続法の改正により、『特定財産承継遺言』が規定されたから、『させる旨の遺言』との概念の違いを理解しておこう。それに、特定財産承継遺言については、対抗要件主義がとられたから、実務上大きな影響があるので、勉強しておこう。それと、三通目の遺言書は『相続分の指定』に当たり……」

――森下が続きを話そうとしている脇を数名の調停委員が書記官室に入ってきた。

「もう期日が始まるね。続きは後にしよう」

森下がそう言うと、稲葉は会話を止め、調停委員に順番にそれぞれの調停記録を渡し始めた。

改正法Q&A

Q6　特定財産承継遺言とは？

A　平成三年判決（香川判決）によれば、「相続させる」旨の遺言は、遺産分割方法の指定がされたと解すべきものと遺贈と解すべきものの二つに分かれることになります。

この点につき、改正法は、遺産の分割の方法の指定として特定の財産を共同相続人の一人又は数人に承継させる旨の遺言と解すべきものにつき、「特定財産承継遺言」と定義づけました（民一〇一四条二項）。

そして、かかる遺言による財産の承継を「遺贈」とはみないものとしました。

他方で、特定の相続人に対し財産の一定割合ないし全てを取得させる趣旨の遺言は、特定財産承継遺言には当たらず、相続分の指定と扱われます（民一〇四六条一項括弧書き）。

文言として、「相続させる」が用いられるとしても「相続分の指定」と扱われることになります。

改正法Q&A

（森下書記官が確認しようと考えていた三つの改正点）

Q7　第三者に対する対抗要件としての登記との関係はどうなりますか？

A　改正前民法下における判例（最二小判平成一四年六月一〇日判時一七九一号五九頁、最二小判平成五年七月一九日判時一五二五号六一頁）は、特定の相続人は、登記なくして「相続させる」旨の遺言による物権変動を第三者に対抗することができると解していました。

しかし、このような解釈に対しては、遺言によって利益を受ける相続人（受益相続人）は登記等の対抗要件を備えなくても、その権利取得を第三者に対抗することができ、早期に登記等の対抗要件を備えようとする動機が働かない結果、遺言による権利変動について登記がされずに、実体的な権利と公示の不一致が生じる場面が増えることになり、不動産登記制度等の対抗要件制度に対する信頼が害されるおそれがあると批判されていました。

そこで、改正法は、相続を原因とする権利変動について、これによって利益を受ける相続人は、登記等の対抗要件を備えなければ法定相続分を超える権利の取得を第三者に主張することはできないと規定し（民八九九条の二）、第三者の権利の保護を図りました。

民法八九九条の二の「相続による権利の承継」には、遺産分割によるもののほか、特定財産承継遺言や相続分の指定によるものが含まれるものと解されます。

改正法Q&A

Q8　第三者が受益相続人に対してその権利を対抗する場合の根拠規定は何になりますか？

A　原則として、不動産であれば民法一七七条、動産であれば民法一七八条、債権であれば民法四六七条ですが、相続により法定相続分を超える部分を取得した相続人（受益相続人）から第三者に対してその取得を主張する場合には、民法八九九条の二第一項が適用され、根拠条文が異なりますので、注意をしてください。

改正法Q&A

Q9　特定財産承継遺言と遺言執行者の職務との関係はどうなりますか？

A　改正前民法下においては、「相続させる」旨の遺言（特定財産承継遺言）がなされた場合につき、判例（最一小判平成一一年一二月一六日民集五三巻九号一九八九頁）は、不動産登記法上、権利を承継した相続人が単独で登記申請をすることができるから、当該不動産が被相続人名義である限り、遺言執行者の職務は顕在化せず、遺言執行者は登記手続をすべき権利も義務も有しないと判示していました。

しかし、改正法では、特定財産承継遺言がされた場合についても取引の安全等を図る観点から、遺贈や遺産分割と同様に対抗要件主義を導入し、法定相続分を超える権利の承継については、対抗要件の具備なくして第三者に権利の取得を対抗することができない（民八九九条の二）こととし、遺言執行者において、遺言の内容を実現するためにも、速やかに対抗要件の具備をさせる必要が高まりました。

そこで、民法一〇一四条二項は、特定財産承継遺言がされた場合について、遺言執行者は、原則として、その遺言によって財産を承継する受益相続人のために対抗要件を具備する権限を有することを明確にしました。

⟨10⟩ 鈴木法律事務所――真人による一部分割の調停申立て――●

――祐人は、午後四時頃、鈴木法律事務所で打合せをしていた。

「話合いがつきそうなのか?」

「兄貴は、キウイ畑だけ先に売却して、平等に分けようって言って、こっちの話を聞こうとしないんだ。もう業者に連絡して、買い付け証明書を取り付けたらしい。しかも預金の減り方が異常だとか言って、僕たちが使い込んでいるんじゃないかとか疑いをかけてきているんだよ」

「双方、熱くなりすぎだな。この前のお兄さんの態度を見てて分かるよ。裁判所の調停を考えてみてもいいんじゃないか」

「裁判をやるなんて、親父が草場の陰で悲しむよ。親父は争いごとが嫌いだったから」

「裁判所って言ったって、裁判をやるわけじゃないんだぜ。家庭裁判所で、中立的な立場の調停委員が間に入って話合いをするんだよ。

調停が成立すれば、調停調書を作成するし、調停調書は、確定した審判と同じ効力があるんだ。無理を主張しているお兄さんの状況を見ていると、調停を利用するのが一番いいと思うな」

「そんなもんか。お袋と相談してみるよ。そのときはお前に頼んでもいいか」

「もちろんだよ」

――真人が開港家庭裁判所に遺産分割調停の申立てをした数日後、鈴木弁護士のもとに祐人から電話が入った。

「兄貴に先手を取られたよ。家に帰ったら、俺とお袋に遺産分割調停の調停期日通知書が届いてたよ」

「調停は申立てをした方が有利になるということはないからな。それで、期日はいつなんだ？」

――祐人は指定された期日を知らせた。

「その日なら俺は空いてるよ」

「よろしく頼む。どうすればいい？」

「手続代理委任状の用紙を送るから、お母さんとお前の署名押印をした上でそれを持ってきてくれ。俺の方から裁判所に提出する。裁判所から送られてきている書類も併せて持ってきてくれ。お前の意向を確認して提出することにする」

「分かった。明後日には持って行けると思う」

●手続代理委任状

家事事件手続において「訴訟委任状」の書式を流用した委任状を提出することは、必ずしも違法ではありません。しかし、法が家事事件固有の特別委任事項を独自に規定した以上（家事法二四条一項）、これを明確にした委任状を提出することが望ましいです。

⑪ 調停打合せと亜季の特別寄与料

「利彦。裁判所から手紙、来てたでしょ？　見た？」

「見たよ。おじいちゃんの遺産についての調停らしい。その日は授業ないから、出席しようと思っているんだ」

「話をよく聞くのよ」

「分かってるよ。期日が終わったら何をやったかを話すよ」

「私はお義母さんの様子を見てから仕事に行くわ」

――亜季は、利彦を玄関で見送り、支度に取り掛かった。愛子宅に着くと、愛子と祐人が居間に座って話をしていた。

「おはようございます」

――二人の顔色から深刻な様子がうかがわれた。話題は調停のことなんだろう。

「利彦君のところにも調停の連絡が来たと思うけど……」

――予感は当たった。

「利彦は出席するって言っています。ただ、全員で仲良く、納得して分けていただければいいと思っているのだけど……」

「今話していたのは、亜季さんのことなんだ」

「私の？」

「お袋が、親父の面倒をずっとみてくれた亜季さんに遺産を少しでも分けてあげられないかと話しているんだ。

遺言書は無効であるとはいえ、遺言書には親父の感謝の言葉が書いてあったからね」

「お気持ちはうれしいけど、でも、私は相続人じゃないし……」

「それは分かってるよ。僕よりも友人の鈴木弁護士から説明を受けた方が早いから、今度話を一緒に聞きに行こうよ」

「はあ……」

――その週の金曜日の午後、愛子と祐人と亜季の三人は、鈴木法律事務所にいた。

「祐人の言っていることは本当なんだ。亜季さんが信太郎さんに対し行った看護について、愛子さんからお礼をしたいという相談を受けたから、アドバイスをしたんですよ。寄与分的な意味のお礼をあげたらどうかってね」

「寄与分といっても。私は相続人ではないのですけど」

「確かに、亜季さんは相続人ではないけど、相続法が改正されて、特別寄与料という制度ができたんだ。特別寄与料という制度は、相続人以外の者の貢献を考慮するための方策で、被相続人の親族が被相続人の療養看護等を無償で行った場合には、一定の要件の下で相続人に対して金銭請求をすることができるようになった」

――鈴木弁護士は、特別寄与料の制度につき次のような説明をした。

改正法Q&A

Q10　特別寄与料とは？

A　特別寄与料の制度とは、相続人ではない被相続人の親族が被相続人の療養看護に努めるなどの貢献を行った場合に、このような貢献をした者が、その貢献に応じた額の金銭（特別寄与料）の支払を請求

序章

することができるとする制度（民一〇五〇条）です。

被相続人に対して療養看護等の貢献をした者が相続財産から分配を受けることを認める制度として、寄与分の制度があります。しかし、寄与分の制度は、相続人にのみに認められています。例えば、相続人の妻が被相続人（夫の父）の療養看護に努め、被相続人の財産の維持又は増加に寄与した場合であっても、遺産分割手続において、妻が相続人でないことから、寄与分を主張したり、あるいは何らかの財産の分配を請求したりすることはできないという問題がありました。裁判例（東京家審平成一二年三月八日家月五二巻八号三五頁、東京高決平成二二年九月一三日家月六三巻六号八二頁等）は、このような問題に対して、夫の寄与分の中で妻の寄与行為を考慮することで解決を図ってきました。実務も、妻は相続人である夫の履行補助者として相続財産の維持に貢献したものと評価して運用してきました。

しかしながら、相続人である夫が被相続人よりも先に死亡した場合には、相続人の履行補助者とみる考え方によっても、相続人が存在しないため、妻の寄与行為を考慮することができませんでした。

そこで、改正法は、相続人ではない者（相続人の配偶者等）が被相続人の療養看護に努めるなどの貢献を行った場合に、前記のような貢献をした者に対して、一定の財産を分け与えることが被相続人の推定的意思に合致する場合も多いと考えられるとして、相続人ではない被相続人の親族が、相続人に対して、その貢献に応じた額の金銭（特別寄与料）の支払を請求することができるとする特別寄与料の制度（民一〇五〇条）を設け、前記貢献をした者が遺産の分配を受けることができないという不公平を解消させることとしました。

本件において、亜季さんの夫隼人さんは、被相続人の信太郎さんより先に死亡しているため、相続人ではない亜季さんの貢献は、亡隼人さんの履行補助者として評価することができず、亜季さんが相続財産の維持に貢献したとしても、相続財産の分配にあずかることができません。特別寄与料は、こうした相続人ではない被相続人の親族が被相続人の財産の維持又は増加について特別の寄与をした者を保護しようとする制度なのです。

●特別寄与料の要件

特別寄与料が認められる要件は、被相続人の親族が無償で療養看護、その他の労務を提供したことなどです。

本件では、亜季さんは被相続人の療養看護に努めていたことがうかがわれますので、特別寄与料が今後の論点になります。

――亜季は、看護師だったし、遺産が欲しくて看護をしたわけではなかったので、鈴木の説明を聞いてもピンとこなかった。

「お金を請求するなんて……そんな気持ちにはなれないです」

「そういう方法もあるということだから。まあ調停が始まってからでも、法律の規定した期限内なら申立てはできますので」

「お父さんだって、遺言書に大変世話になったと記載して感謝していたんだから、遠慮なく請求してもらっていいのよ」

――祐人もうなずいた。しかし、亜季は愛子の話に迷った。確かに、遺言書には財産を残してくれるような記載はあったけど……。

「皆さんのお気持ちはよく分かりました。少し考えさせてください」

「亜季さんの意思を最大限に尊重するよ。僕らに気を使わずに申し立ててもらっても構わないから」

――祐人も亜季を後押しした。

「調停期日は来月だから、それまで、俺の方で、もう一度遺産の範囲や評価額を確認しておくよ」

――鈴木弁護士は、祐人らを事務所の玄関まで見送った。

第１章　相手方らによる全部分割調停の申立て

～前章まで～

信太郎作成の３通の自筆証書遺言は，いずれも方式の瑕疵等の問題があることから，無効となる可能性があることが明らかとなる。

真人は，自宅の購入資金のために遺産の一部であるキウイ畑を売却することを求める一部分割の申立てをする。

他方，愛子と祐人は，亡隼人の妻亜季が信太郎に行った看護に対する貢献を考え，同女に特別寄与料を申し立てることを働きかける。

本章で扱う改正法Q&A

Q一部分割とは？

Q相手方による新たな申立ての対象

Q併合審理の必要性

Q相続開始後の財産処分（使途不明金）とは？

① 調停委員控室

──調停委員の石原は、担当することになった遺産分割調停事件の調停記録を調停委員控室で読み始めた。

遺産分割は、もう何件も経験しているので、調停記録の読み方も手慣れたものだった。相続人の範囲、遺産分割協議の有無等を確認した後、遺言書の有無の確認に入った。

考えながら、調停記録を読み進める。争点は遺言書の効力かな？　検認の記録も見たが、形式面において無効の可能性が高いようだ。

中立人は遺産の範囲について、二筆の畑の一部分割を求めているけど、他の相続人は畑以外の遺産があると主張しているし。寄与分の主張もありそう。特別受益は？

「あまり先走りは良くないわね」

遺産分割調停事件を長くやっていると、ついつい、先走るようになる。そういえば、調停協会の研修で教わったなあ。当事者が分割方法の解決を希望するので、その希望に応じて、基礎を固めずに分割方法に取りかかってしまうと、後に範囲や評価でもめて、結局、最初からやり直さないといけないことになると。石原も何度か経験した。しっかり基礎を固めていけば、複雑困難な案件でも、早期に解決する。※洋輔・嵩行兄弟の時みたいに……。

※『実践調停　遺産分割事件』（二〇一六）参照。

「先日の研修の資料をもう一度、読み直した方がいいわね」

そうつぶやいて調停記録を閉じた。

今回の案件は、相続法が改正されてから、石原が初めて担当する事件だ。調停記録の検討を終えた石原は、書記官室に調停記録を戻しに行った。

「ご苦労様です。控室で杉浦委員にお会いになりませんでしたか」

「杉浦さんですか？　見かけませんでしたよ」

「杉浦委員も調停記録を見たいって言っておられましたので……」

――石原は、今回の相調停委員である杉浦とはこれまで一緒に調停を行ったことはなかった。研修や勉強会ではよく見かけるので、熱心な方だという印象はあったのだが……。

「あっ。石原さん」

――大きな声が聞こえたので、振り返ると、汗だくのがっしりした男性が笑顔で立っていた。杉浦だった。

「私も控室で調停記録を読んできます」

●調停記録の検討

調停を的確に進めるに当たっては、石原委員のように遺産分割手続の手順を意識しつつ調停記録を検討しておくことはとても大切です。

② 事前評議――テーマの確認（一部分割・前提問題）

「石原さんとは、初めてですね。遺産分割はほとんど経験していないので、よろしくお願いします」

「こちらこそお願いします。初めてなんですか？　でも、勉強会ではよくお見かけしますよね」

「頭でっかちなところがあるんで、まず理屈からって思って参加させていただいています。記録、もうお読みになったんですよね？　何か気が付かれたことはありますか？」

――本当に勉強熱心な方だ。石原は要点を話した。

「相続法改正に関わる問題も色々ありそうですね。研修とかで学んだように基本通り進めていくしかないですね」

「おっしゃるとおりです」

――豪快な外見に比べて、細やかな思考の方だな。うまくやっていけそうな気がする。石原と杉浦は調停室に向かった。

「遺産は他にあるんでしょうか」

――記録をめくりながら石原に話しかけた。

「相手方らは、他に預金があると書いてありますけど、今日の期日で聞いてみないと……」

――石原が話を続けようとしてると、調停室のドアが開いて、山崎裁判官と稲葉書記官が入ってきた。

「お二人には調停記録をお読みいただいていると思いますが、本件は、一部分割の申立てなので、一部分割の申立てをした理由を聞き、相手方の意向を確認して、全部分割を求めるならば、まず申立人に拡張するかを確認し、拡張しない場合には相手方に申立てを促すことにしましょう。相手方らには追加の申立てを、その上で申立人には申立てを拡張するか否かを検討するよう促してください」

●民法九〇七条の「一部分割」

民法九〇七条に定める「一部分割」は、分割の対象となる残余財産が存在するが、当事者が現時点では残余財産の分割を希望していないこと等を理由としてその一部のみの分割が行われる場合を対象とします。つまり、民法九〇七条は、調停・審判手続の開始（入口）において、当事者に分割する対象財産についての選択を認めるものです。

改正法Q&A

Q 11　一部分割とは？

A　遺産分割においては、遺産の全部について一回的解決を図るのが望ましいのですが、遺産性や評価方法、特別受益、寄与分などに争いがあり、これらの解決を待つのでは、最終的な遺産分割の結論が出るまでに相当の時間がかかる事案もあります。そこで、遺産分割事件を早期に解決するためには、まず、争いのない遺産について先行して一部分割を行うことが有益な場合があり、また、改正前民法下における実務においても、一定の要件の下で一部分割を行っていました。しかし、法文上、一部分割が許容されているか否かが必ずしも明確ではありませんでした。

そこで改正法は、民法九〇七条一項と同二項の文言につき、遺産の「全部又は一部」の文言を入れて、申立ての段階で遺産の一部の分割を求めることもできると改め、一部分割が可能であることを明示しました（『概説』六八頁）。

「分かりました。双方の意見を聞いてみます」

「寄与分の主張がありそうですが」

「まずは、遺産の範囲を確認することから始めましょう。特に、今回は、遺言書もあり、一部分割の申立てなので、当事者の意向によっては前提問題の整理に時間を要するかもしれませんね」

「分かりました」

「それでは、フローチャートによる事前の説明からよろしくお願いします」

――山崎と稲葉は調停室を出て行った。

「裁判官の言うとおり、今日のテーマは、遺言書の有効性、遺産の範囲の確定など前提問題ですね。じゃあ、当事者を呼んできますね」

――杉浦は、そう言うと、待合室に向かった。

第１回調停期日

１　調停の説明と前提問題（遺言書の無効）

石原「では双方に調停の進め方からご説明します」

――フローチャート図を示しながら、説明を始めた。一通り説明が終わると、杉浦が質問をし始めた。

杉浦「前提問題からお伺いします。

遺言書が三通ありますが、これらについては、どのように考えますか」

鈴木「内容的には信太郎さんの意思が反映されていると思っています。できれば仏壇にあった『祐人に全部相続させる』又は相続分を『愛子二分の一、祐人二分の一と指定する』旨の遺言書の内容に従って分割できればと思っています。もっとも、形式面に不備があり、無効もやむを得ないと考えていますが……」

真人「親父の字であると思うけど、自分の相続分を零とする分け方は納得できません」

――当事者間においては、遺言書が無効であることにつき争いがなくなった。

【参考５】 遺産分割手続のフローチャート

遺産分割手続の流れ

遺産分割調停事件は、以下の流れで進みます。順番のとおり行います。順番を前後して進めることはできません。

事案によっては、他の手続を先行して行っていただく必要があります。

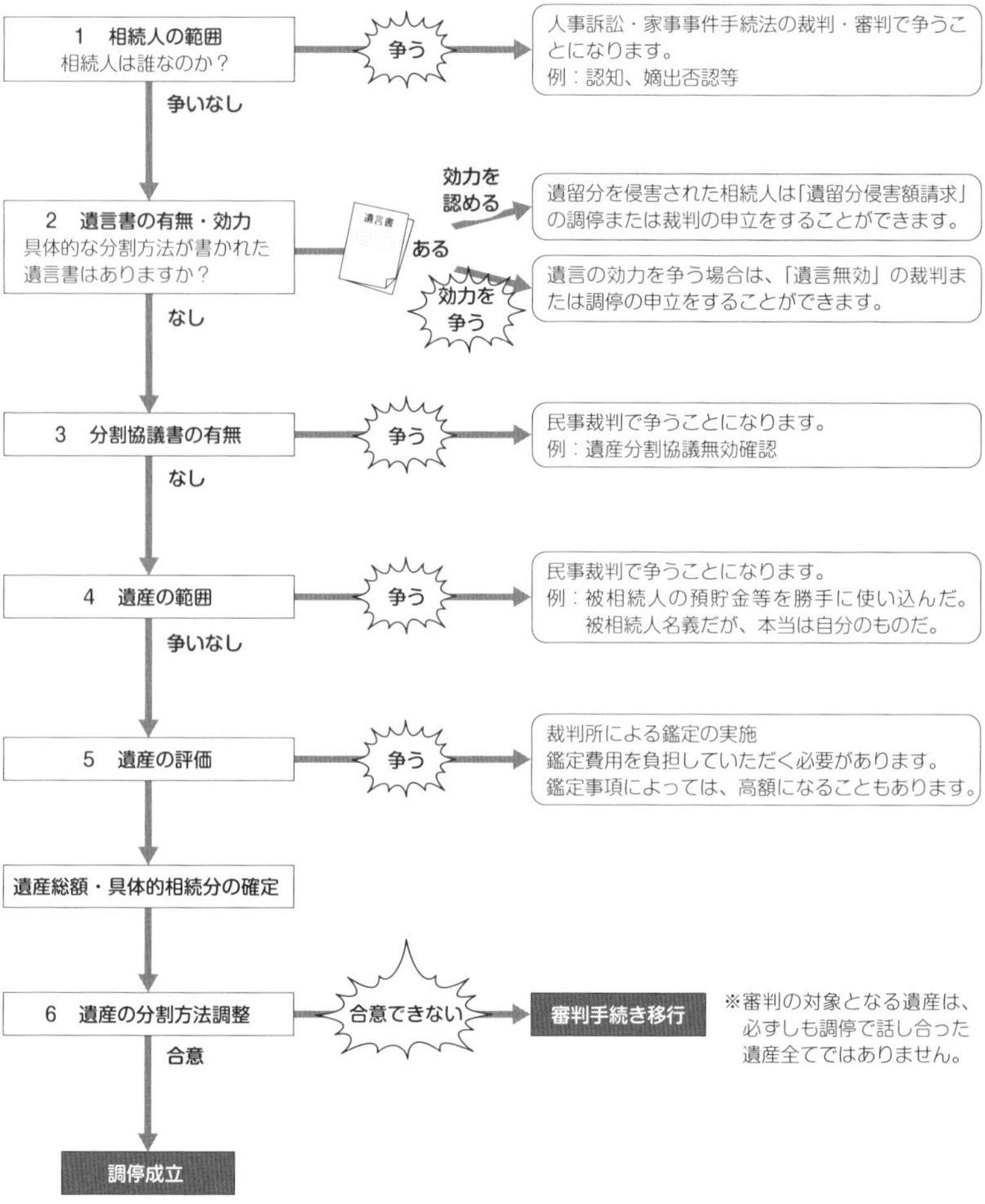

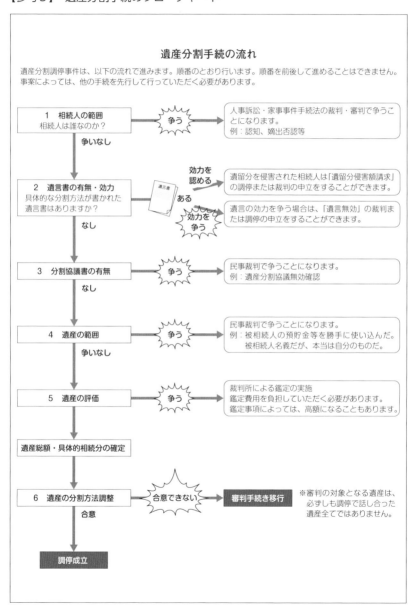

杉浦「遺言とは別に当事者間で分割協議をして、まとまったということはないですよね？」

——全員が頷いた。

当事者間において、遺産分割協議が未了であることについても争いがないことが明らかになった。

2　一部分割申立ての趣旨

石原「では、今回の申立ての趣旨について、申立人の真人さんにお伺いします。今回は、一部分割を求めていますけど、先に目録一、二の土地（キウイ畑）を分割したい理由を教えてください」

●遺産の一部分割の申立て

遺産分割の調停又は審判において、一部分割の申立てをする場合には、分割を求める遺産の範囲を特定する必要があります。真人さんは、申立書に添付した遺産目録が全ての遺産である旨を記載した上で、申立ての趣旨には、遺産の一部（キウイ畑）の分割を求める旨と、遺産目録記載のどの遺産の分割を求めるのかを特定して記載しています。そこで、石原委員は、なぜ一部分割を求めるのか、その理由について質問をしています。

真人「親父の土地として、みかん畑とキウイ畑があるけど、キウイ畑を早く売却したいんだよね。僕は建築業界にいるんだけど、親父が亡くなってしばらくして、業者からキウイ畑を売ってくれっていう話も来ているんです。話をしたら乗り気で、買取りの見積書もくれました」

石原「他にも不動産として、みかん畑もありますが、それも今回の話合いの中で一緒に解決するということは考えていないのですか」
真人「遺産分割事件って、解決するのに何年もかかるって言うじゃないですか。みかん畑は斜面にあるので、すぐには売れないと思いますよ。だったら、買い手がいるキウイ畑だけ先に売った方が皆にとっていいんじゃないかなって思っている……」
――なるほど、そういうことか。杉浦はうなずいた。
祐人「兄貴は『売る売る』って言っているけど、俺は売る気はないからな」
石原「ちょっと待ってください。さっきご説明したとおり、今は、遺産の範囲を確認する段階です。分割方法は少し待ってくださいね」
――石原は口論になりそうなところを割り込んでいった。
杉浦「真人さんの言い分は分かりました。確認しますが、遺産の全部を分割するというお気持ちはないんですね」
真人「全部分割を求める気持ちはありませんね。キウイ畑を早期に現金化して分割したいだけです」
石原「相手方の皆さんはどうしますか?」
鈴木「我々としては、農業の継続を望んでいるので、あくまでも全部分割を希望します」
真人「全部分割が終わるのを待つなんて、時間がかかりすぎるよ」
石原「ちょっと待ってください」
鈴木「全部分割は、利彦君を含めた相手方全員の総意です」
石原「双方のご主張は、大体分かりました。では、相手方の皆さんが主張される遺産の範囲をお伺いします。

別々にお話をお伺いします。よろしいでしょうか」

――石原の言葉に双方が頷いた。

石原「真人さんはしばらく待合室でお待ちください」

――真人は席を外した。

3　祐人らへの聴取――全部分割の主張と使途不明金

祐人「兄貴は勝手なんだよ。親父も遺言書で畑を俺にって書いてくれているんだから、俺に農業を続けてもらいたいはずだよ」

――祐人が吐き捨てるように言った。

鈴木「まあまあ。真人さんにも彼なりの考え方があるから。

我々としては、先ほど申し上げたように、全部分割を求めます。祐人さんの寄与分も主張する予定です。したがって、キウイ畑だけを先に分割すると、残された遺産だけでは分割対象財産額が減るので、寄与分を充たすことができなくなることもあり、祐人さんの利益を害するおそれがあると考えています。

真人さんがどうしても一部分割にこだわるなら、次回までに、こちら側から全部分割の申立てを追加することにします。

詳細は、申立書に記載しますが、以上の申立人の主張に加え、みかん畑と自宅の土地建物、かいこう銀行と霧笛信用金庫の預金なども分割すべき対象となる遺産です。

補足して申し上げると、愛子さんは、かいこう銀行（鶴岡駅前支店）から普通預金のうち一五〇万円を相続開始後に払戻しを受け、同額を葬儀費用として使用しています。他方、この払戻しとは別に誰かが預金を引き下ろした形跡があります。それも調査してまいります」

――石原は本件には使途不明金の問題があることを知り、この先の調停の展開に一抹の不安を持った。

改正法Q&A

Q12　相手方による新たな申立ての対象は？

A　民法九〇七条が認めている処分権限は、申立人のみならず、申立人以外の共同相続人にも当然認められます。したがって、申立人以外の共同相続人が、遺産の全部分割（又は当初の申立てとは異なる範囲の一部分割）を求めた場合には、遺産分割の対象は、遺産の全部（又は拡張された一部の遺産）、つまり当初の申立て部分に加え、追加された申立て部分を含むものとなります（『一問一答』八七頁）。

石原「分かりました。では、次回期日を決めるためにも、申立てがいつ頃になるかお伺いします」

鈴木「準備はほぼできているので、すぐに全部分割の申立てをします」

石原「分かりました。真人さんに今の話をして、次回期日を決めることにします。では、交代してください」

4　真人への聴取――申立ての趣旨拡張の可否――

――杉浦は、真人に対し、祐人らの意向を説明した。

●調停において当事者の意見を聴取する際の留意点

当事者の意見を別々に聴取する際には、調停委員は、反対当事者に対し、経過を説明することが重要です。当事者は、事件の進展と他方の言い分を気にします。特に聴取する時間の長短には留意が必要です。

杉浦「今一度、確認しますが、申立ての趣旨を拡張して遺産全部を分割するとの申立てをするつもりはありませんか？」

真人「ありません。次回にキウイ畑を売却する話をまとめてほしいです」

杉浦「そうですか。そうすると、祐人さんらが追加の申立てをすることになります。申立書が届いたら、真人さんも申立書記載の遺産に対する認否をしてください」

――次回期日は一か月半後に指定された。第一回調停期日が終了した。

③ 事後評議――追加の申立てと併合審理の検討

「稲葉さん。一号調停室から事後評議の連絡が入りました」

「えっ、事後評議？」

――稲葉は、山崎裁判官から、遺産の範囲が確定した場合は中間調書を作成するように言われていたので、準備をしていたところだった。

「そうか。今日の期日では遺産の範囲を確定できなかったんだ。川人さん。裁判官は三号室での調停に立ち会っているので、終わったら、一号調停室に来てもらうように連絡してください」

――稲葉はそう言いながら、一号調停室に向かった。稲葉が調停室で調停委員の話を聞いていると、山崎が入室してきた。稲葉は、山崎に調停委員から聞き取った内容を伝えた。

「分かりました。遺産の範囲の確定は、相手方から追加の申立書が提出されてからということになりますね。もし、申立書が提出されたら、両事件を併合して調停を進めていきましょう。稲葉さん、申立てがされたら、すぐに記録を上げてください」

「分かりました」

――山崎は、次の調停室に向かった。

改正法Q&A

Q13　併合審理の必要性はありますか？

A　申立人の真人さん以外の共同相続人である祐人さんと愛子さんが、遺産の全部分割を求めた場合には、遺産分割の対象は遺産の全部となります。通常は併合して審理することになります（『一問一答』八八頁参照）。

山崎裁判官は、両事件を併合して調停を進めるという方針を伝えました。

第1章

④ 祐人らからの新たな申立て（全部分割）

「小林主任、鈴木弁護士からの郵便がきました」

——第一回調停期日から四日後、鈴木弁護士から郵便が届いた。郵便物は、毎日、お昼前頃に各係に配られる。川人は、その中から目ざとく鈴木弁護士からの封筒を見つけ、小林に声をかけた。

「例の追加の申立てですよね」

「もし、申立書なら事件係で立件してもらってきてください」

——川人が事件係に封筒を持って行ってからしばらくして、事件記録が届けられた。

「じゃあ、前回と同じように記録をチェックしていこうか。申立ての趣旨から見ていこう」

「全部分割になっています。真人さんが主張しているキウイ畑も含めて全部分割の申立てですね」

「当事者は、どうなっているの」

「えーっと。祐人さんらが申立人で、真人さんが相手方になってます。真逆ですね」

「本当にそうなってる？　もっと注意深く見ないと」

——稲葉は、もう一度記録を見直した。

「ごめんなさい。愛子さんと祐人さんが申立人で、真人さんと利彦さんが相手方になっています」

「そうだね。真逆の申立てではないから、当事者の表示を間違えないようにしないとね」

「はい。気をつけます。ところで、遺産目録を見ているのですが、相続開始後で分割前に処分された財産という記載があります」

「預金についてじゃないかな？」

「そうです。処分者が真人さんで、霧笛信用金庫米田支店の定期預金五〇〇万円と書いてあります」

「相続開始後の財産処分の問題だね。これは相続法が改正された点だね。申立書の審査が終わったら、進行方法について裁判官に相談してみよう」

改正法Q&A

Q14　相続開始後の財産処分（使途不明金）とは？

A　改正前民法下では、共同相続人が遺産分割前にその共有持分を処分した場合において、どのような処理をすべきかについて、明文の規定はありませんでした。また、これに言及した判例もありません。他方で、判例（最一小判昭和五四年二月二二日集民一二六号一二九頁）、裁判例（高松高判平成一一年一月八日家月五一巻七号四四頁、福岡高那覇支判平成一三年四月二六日判時一七六四号七六頁）及び実務においては、遺産分割時には存在しない財産であっても、共同相続人の全員がこれを遺産分割の対象に含める旨の合意をした場合には、例外的にこれを遺産分割の対象とする取扱いをしていました。

このような取扱いについては、共同相続人の全員がこれを遺産分割の対象に含める旨の合意がない場合には、遺産分割の対象とすることはできないことになり、当該処分をした者の最終的な取得額が、当該処分をしなかった場合と比べると大きくなり、その反面、他の共同相続人の遺産分割における取得額が小さくなるという計算上の不公平が生じるのではないかという問題が指摘されました。

そこで、民法九〇六条の二は、遺産分割前に遺産に属する特定の財産を共同相続人の一人が処分した場合に、処分した者が処分をしなかった場合と比べて利得をすることがないようにするため、遺産分割において これを調整することを容易にする規定を設けるものとしました。すなわち、民法九〇六条の二第一項は、共同相続人全員の同意によって遺産分割前に処分された財産についても遺産分割の対象財産にすることを認めることとした上で、同条二項では、一部の共同相続人が遺産分割前に当該処分をした場合には、遺産分割時に当該処分をした財産を遺産に含めることについて他の共同相続人の同意があれば、当該処分をした当該共同相続人の同意がなくても、これを遺産分割の対象として含めることができるものと規定しました（『一問一答』九四頁参照）。
処分者の認定が難しい場合における対応については、『改正相続法』八五頁以下の本を参照してください。

——稲葉と森下は、記録を持って裁判官室に向かったところ、山崎は、二つの事件を併合する決定をした。

【参考６】　遺産分割調停申立書（全部分割）

この申立書の写しは，法律の定めるところにより，申立ての内容を知らせるため，相手方に送付されます。

受付印 収入印紙　円 予納郵便切手　円	**遺産分割**　☑ **調停**　□ **審判**　**申立書** （この欄に申立て１件あたり収入印紙１，２００円分を貼ってください。） （貼った印紙に押印しないでください。）

開　港　家庭裁判所 御中 令和　３　年　１　月　15　日	申　立　人 （又は法定代理人など） の記名押印	寺田愛子及び寺田祐人手続代理人弁護士 鈴　木　知　広　㊞

添付書類	（審理のために必要な場合は，追加書類の提出をお願いすることがあります。） ☑ 戸籍（除籍・改製原戸籍）謄本（全部事項証明書）合計　通 ☑ 住民票又は戸籍附票　合計　通　☑ 不動産登記事項証明書　合計　通 ☑ 固定資産評価証明書　合計　通　☑ 預貯金通帳写し又は残高証明書　合計　通 □ 有価証券写し　合計　通　□	準口頭

当事者		別紙当事者目録記載のとおり	
被相続人	最後の住所	○○　都道府㊊県　開港市中央区鶴岡一丁目11番３号	
	フリガナ 氏名	寺《テラ》　田《ダ》　信太郎《シンタロウ》	平成 ㊊令和　２年６月27日死亡

申　立　て　の　趣　旨
☑　被相続人の遺産の全部の分割の（☑ 調停 ／ □審判）を求める。
□　被相続人の遺産のうち，別紙遺産目録記載の次の遺産の分割の（□ 調停 ／ □ 審判）を求める。※1 【土地】　　【建物】 【現金，預・貯金，株式等】

申　立　て　の　理　由			
遺産の種類及び内容	別紙遺産目録記載のとおり		
特別受益 ※2	□ 有	□ 無	☑ 不明
事前の遺産の一部分割 ※3	□ 有	☑ 無	□ 不明
事前の預貯金債権の行使 ※4	☑ 有	□ 無	□ 不明
申立ての動機	☑ 分割の方法が決まらない。 □ 相続人の資格に争いがある。 □ 遺産の範囲に争いがある。 □ その他（　　）		

（注）太枠の中だけ記入してください。□の部分は該当するものにチェックしてください。

※１　一部の分割を求める場合は，分割の対象とする各遺産目録記載の遺産の番号を記入してください。

※２　被相続人から生前に贈与を受けている等特別な利益を受けている者の有無を選択してください。「有」を選択した場合には，遺産目録のほかに，特別受益目録を作成の上，別紙として添付してください。

※３　この申立てまでにした被相続人の遺産の一部の分割の有無を選択してください。「有」を選択した場合には，遺産目録のほかに，分割済遺産目録を作成の上，別紙として添付してください。

※４　相続開始時からこの申立てまでに各共同相続人が民法９０９条の２に基づいて単独でした預貯金債権の行使の有無を選択してください。「有」を選択した場合には，遺産目録【現金，預・貯金，株式等】に記載されている当該預貯金債権の欄の備考欄に権利行使の内容を記入してください。

遺産（1/5）

この申立書の写しは，法律の定めるところにより，申立ての内容を知らせるため，相手方に送付されます。

当　事　者　目　録

☑申立人 ☐相手方	住　　所	〒○○○－○○○○ ○○県開港市中央区鶴岡一丁目11番３号（　　方）	
	フリガナ 氏　　名	寺《テラ》田《ダ》愛《アイ》子《コ》	大正 (昭和) 平成 令和 15年 2月 28日生（80歳）
	被相続人との続柄	配偶者	
☑申立人 ☐相手方	住　　所	〒○○○－○○○○ ○○県開港市中央区今道三丁目８番２号（　　方）	
	フリガナ 氏　　名	寺《テラ》田《ダ》祐《ユウ》人《ト》	大正 (昭和) 平成 令和 45年 5月 1日生（50歳）
	被相続人との続柄	二男	
☐申立人 ☑相手方	住　　所	〒○○○－○○○○ ○○県開港市中央区余田三丁目33番8号　カルム余田403（　　方）	
	フリガナ 氏　　名	寺《テラ》田《ダ》真《マサ》人《ト》	大正 (昭和) 平成 令和 40年 2月 28日生（55歳）
	被相続人との続柄	長男	
☐申立人 ☑相手方	住　　所	〒○○○－○○○○ ○○県開港市中央区鶴岡一丁目３番24号（　　方）	
	フリガナ 氏　　名	寺《テラ》田《ダ》利《トシ》彦《ヒコ》	大正 昭和 (平成) 令和 11年 2月 11日生（21歳）
	被相続人との続柄	三男亡寺田隼人の代襲相続人	
☐申立人 ☐相手方	住　　所	〒　　－ （　　方）	
	フリガナ 氏　　名		大正 昭和 平成 令和 　年　月　日生（　　歳）
	被相続人との続柄		

（注）□の部分は該当するものにチェックしてください。

遺産（2/5）

この申立書の写しは，法律の定めるところにより，申立ての内容を知らせるため，相手方に送付されます。

遺　産　目　録（□特別受益目録，□分割済遺産目録）

【土　地】

番号	所　　在	地　番		地目	地　積		備　考
		番			平方メートル		
1	開港市中央区千広三丁目	1	4	畑	2515		【キウイ畑】
2	開港市中央区千広三丁目	1	5	畑	1700		【キウイ畑】
3	開港市中央区米田一丁目	2	7	畑	3865		【みかん畑】
4	開港市中央区鶴岡一丁目	11	3	宅地	250	00	建物1の敷地

（注）この目録を特別受益目録又は分割済遺産目録として使用する場合には，（□特別受益目録又は□分割済遺産目録）の□の部分をチェックしてください。また，備考欄には，特別受益目録として使用する場合は被相続人から生前に贈与を受けた相続人の氏名，分割済遺産目録として使用する場合は遺産を取得した相続人の氏名を記載してください。

第1章

この申立書の写しは，法律の定めるところにより，申立ての内容を知らせるため，相手方に送付されます。

遺　産　目　録（□特別受益目録，□分割済遺産目録）

【建　物】

番号	所　　在	家屋番号	種　類	構　造	床面積（平方メートル）		備　考
1	開港市中央区鶴岡一丁目11番地	11番3	居宅	木造かわらぶき2階建	55 45	00 00	

（注）この目録を特別受益目録又は分割済遺産目録として使用する場合には，（□特別受益目録又は□分割済遺産目録）の□の部分をチェックしてください。また，備考欄には，特別受益目録として使用する場合は被相続人から生前に贈与を受けた相続人の氏名，分割済遺産目録として使用する場合は遺産を取得した相続人の氏名を記載してください。

この申立書の写しは，法律の定めるところにより，申立ての内容を知らせるため，相手方に送付されます。

遺　産　目　録（□特別受益目録，□分割済遺産目録）

【現金，預・貯金，株式等】

番号	品　　目	単　位	数　量（金　額）	備　考
1	かいこう銀行鶴岡駅前支店 普通預金 口座番号（1111111）		9,000,000円 （相続開始時）	民法909条の２により申立人愛子が150万円払戻し葬儀費用に使用（令和２年６月30日現在750万円）
2	かいこう銀行鶴岡駅前支店 定期預金 口座番号（2222222）		3,000,000円 （相続開始時）	
3	霧笛信用金庫米田支店 スーパー定期預金 口座番号（3333333）		3,500,000円 （相続開始時）	
4	霧笛信用金庫米田支店 スーパー定期預金 口座番号（4444444）		5,000,000円 （相続開始時）	相続開始後に相手方寺田真人が全額払戻し
5	株式会社港町鉄道　株式		100株	
6	波止場電気株式会社　株式		100株	
7	現金		1,500,000円	申立人愛子保管葬儀費用として払戻し

（注）この目録を特別受益目録又は分割済遺産目録として使用する場合には，（□特別受益目録又は□分割済遺産目録）の□の部分をチェックしてください。また，備考欄には，特別受益目録として使用する場合は被相続人から生前に贈与を受けた相続人の氏名，分割済遺産目録として使用する場合は遺産を取得した相続人の氏名を記載してください。

遺産（5/5）

【参考7】 事情説明書

開港家庭裁判所遺産分割係　宛　　　　令和　　年（家　　）第　　　　号

（期日通知等に書かれた事件番号をお書きください。）

事情説明書（遺産分割）

令和 3 年 1 月 15 日　　寺田愛子及び寺田祐人　手続代理人弁護士

ふりがな　申立人　鈴《すず》木《き》知《とも》広《ひろ》　印

この書類は，申立ての内容に関する事項を記載していただくものです。あてはまる事項にチェックを付け（複数可），必要事項を記入の上，申立書とともに提出してください。

なお，調停手続では，この書類は相手方には送付しませんが，相手方から申請があれば，閲覧やコピーが許可されることがあります。審判手続では，相手方に送付しますので，審判を申し立てる方は，相手方人数分のコピーも併せて提出してください。

（代理人弁護士の方へ）本書面は，申立人本人作成，代理人作成のいずれでもかまいません。申立書と重複した内容があっても，お手数ですが記載してください。

第１　遺産分割の前提となる問題についてお聞きします。	
1【遺言書】 被相続人の遺言書はありましたか？	□ 遺言書はなかった。 □ 公正証書による遺言書があった。 ☑ 自筆証書による遺言書があった。　⇒下記 ※へ □ 分からない。
	※ 裁判所による遺言書の検認は受けましたか？ ☑ 検認を受けた。 （開港家庭裁判所　　支部　平成・(令和) 2 年(家)第○○号，第○○号，第○○号） □ まだ検認を受けていない。 □ 分からない。
2【遺産分割協議】 相続人間で遺産分割について話し合いましたか？	□ 遺産分割の話合いがまとまった。　⇒下記 ※へ ☑ 遺産分割を話し合ったがまとまらなかった。 □ 遺産分割について話し合っていない。
	※ 遺産分割協議書を作りましたか？ □ はい　□ いいえ
3【事前の遺産の一部分割】 この申立てまでに，被相続人の遺産の一部のみを対象にして，分割をしたことがありますか？	□ はい。　⇒下記　※へ ☑ いいえ。
	※ 分割の際にどのような書面を作りましたか？ □ 裁判所の審判書又は調停調書（事件番号　　家庭裁判所　　支部 平成・令和　　年（家　　）第　　　　号） □ 遺産分割協議書 □ その他（　　　　　　　　）
4【事前の預貯金債権の行使】 この申立てまでに，民法９０９条の２に基づいて預貯金債権を単独で行使した相続人はいますか？	☑ はい。　⇒下記　※へ □ いいえ。 □ 分からない。
	※ 権利行使の内容が分かる文書がありますか？ ☑ はい。（□金融機関発行の証明書等　□その他（　　　　）） □ いいえ。
5【相続人の範囲】 誰が相続人なのか明らかですか？	☑ 明らかである（申立書の当事者目録のとおりである。）。 □ 明らかでない。 （その人の氏名　　　　　） （被相続人との続柄　　　　　） （明らかでない理由　　　　　）

6【相続人の判断能力】 相続人の中に，認知症や精神障害などがあって，ご自身で物事を判断することが困難な方はいますか？	☑ いない。 □ いる。　（相続人名　　　　　　　）⇒下記 ※へ □ 分からない。 ※ 家庭裁判所で後見人等を選任しましたか？ □ 選任した。 （　　家庭裁判所　　支部　平成・令和　　年（家）第　　　号） □ 選任していない。
7【相続人の行方不明】 相続人の中に，行方不明の方はいますか？	☑ いない。 □ いる。（相続人名　　　　　　　）⇒下記 ※へ ※ 家庭裁判所で不在者財産管理人を選任しましたか？ □ 選任した。 （　　家庭裁判所　　支部　平成・令和　　年（家）第　　　号） □ 選任していない。
8【遺産の範囲】 遺産かどうかはっきりしないものがありますか？	☑ 遺産目録のとおりである。 □ 概ね遺産目録のとおりだが，他に遺産かもしれないものがある。 それは，次のものです。 ［　　　　　　　　］

遺言書，遺産分割協議書，一部分割の審判書，一部分割の調停調書又は預貯金債権の単独行使の内容が分かる金融機関発行の証明書等をお持ちの方は，初めての期日の１週間前までに，その写しを当係宛に郵送又はFAXして下さい。

第２　被相続人についてお聞きします。	
1　被相続人の死亡原因と死亡までの状態（入院していたとか寝たきりであったなど）をお書きください。	死亡原因　（　　病死　　） 年　月まで　（　　　） 年　月まで　（　　　） □ 分からない。
2　被相続人と同居していた相続人はいますか？	□ いない。 ☑ いる。（その相続人の名前　寺田愛子　期間　　年　　か月） □ 分からない。
3　被相続人の身の回りの面倒をみていた相続人はいますか？	□ いない。 □ いる。（その相続人の名前　　　期間　　年　　か月） ☑ 分からない。　なお、亡隼人の妻寺田亜季が看護していた。
4　被相続人はどのように生計を立てていましたか？	☑ 自己の収入で生計を立てていた。 □ 相続人（　　　　）が扶養していた。 □ その他（　　　　） □ 分からない。
5　被相続人の生前，同人から不動産や多額の金銭の贈与を受けた相続人はいますか？	□ いない。 ☑ いる。（その相続人の名前　寺田真人　内容　子どもの学費　） □ 分からない。
6　被相続人に債務がありますか？	□ ない。 □ ある。（内容　　　　残債務額　　　　） ☑ 分からない。

第3 今回の申立てについてお聞きします。	
1 調停・審判を申し立てるまでのいきさつを教えてください。（該当するもの全てにチェックしてください。）	☑ 遺産分割の話し合いをした。 ⇒下記 ※へ □ 遺産分割の話し合いをしなかった。 （理由 ） ※ なぜ話し合いがまとまらなかったと思いますか？ *複数回答可 □ 【遺言書の有効性】を巡って争いになってしまったから。 □ 【遺産分割協議書の有効性】を巡って争いになってしまったから。 □ 【相続人の範囲】を巡って争いになってしまったから。 □ 【遺産の範囲】を巡って争いになってしまったから。 ☑ 感情的に対立してしまい，話にならなかったから。 □ 話合いに応じなかったり，避けたりしている相続人がいるから。 □ 被相続人の債務や税金・葬儀費用等の分担を巡って争いになってしまったから。 □ 使途不明金など過去の管理状況を巡って争いになってしまったから。 ☑ 遺産を独占しようとしたり，法定相続分を超える遺産を取得しようとしたりする相続人がいたから。 □ 代償金をいくら払うかで揉めたから。 ☑ 誰が何を取得するかで揉めたから。 □ その他（ ） □ 分からない。
2 主に争いがあるのは，どの相続人（もしくはグループ）の間ですか？	□ 分からない。 ☑ （ 申立人寺田愛子及び寺田祐人、相手方寺田利彦 ）ＶＳ（ 相手方寺田真人）ＶＳ（ ）
3 【この欄は，申立ての趣旨が一部分割申立ての場合に記入してください。】 遺産の一部の分割を求める理由をお書きください。	【理由】 ［ ］

第4 分割方法についてお聞きします。	
あなたの希望する分割方法についてお書きください。	☑ 現物の取得を希望する。（遺産目録の番号をお書きください。） 祐人【土地】番号１，２，３ 愛子【土地】番号４，【建物】番号１ 取得を希望する理由： 祐人 農地として使用しているため 愛子 自宅として使用しているため □ 金銭で欲しい。 □ まだ決めていない。

第２章　遺産の範囲の確認と仮分割仮処分の申立て

～前章まで～

一部分割の申立てをした真人に対し，愛子と祐人は，全部分割を求める申立てをしたことから，両事件は併合審理されることになる。遺産の範囲を調査していると，定期預金が相続開始後に引き出されている形跡があることが明らかとなる。

本章で扱う改正法Q&A

Q使途不明金の扱い（相続開始後の財産処分）
Q払戻しがされた場合の効果
Q仮分割の仮処分の類型
Q仮分割の仮処分の申立て手続要件

①　調停委員控室――祐人らからの全部申立ての確認

「鈴木弁護士が提出した申立書をお読みになって、気を付ける点はありますか？」

――控室で記録に目を落としていた石原は、杉浦の声に顔を上げた。

「ちょうど今読んでいたところです。遺産の概要は、みかん畑とキウイ畑の農地、自宅の土地建物、それと金融資産などですね」

「分割方法は、農地は祐人さんで、自宅は愛子さんで、残りは真人さんと利彦さんって感じですかね」

――杉浦が話を続けようとした。

「そこは先走りしない方がいいですよ。とりあえず遺産の範囲を確定しましょう。預金の引き出しとか、色々あるらしいですから」

「すみません。石原さんのおっしゃるとおりですね。分割方法ばかりに目がいっちゃいけないですよね」

――頭では分かっているんだが、実際に調停を担当すると原則を忘れがちになるな。気を付けないとだめだな。

杉浦は頭をかいた。

●調停進行の手順の重要性

当事者は、解決を急ぐあまり、分割方法の検討に入ることが多いです。調停委員は、その流れに巻き込まれないように注意しましょう。調停委員は、手順を意識し、当事者に対し、手順の重要性を説明しながら進めていくことが大切です。

「では、調停室に向かいましょう」

――石原は、記録を手に持って控室を後にした。

事前評議が行われた。山崎裁判官からは、本件は、預貯金の引き出しが問題になっているので、その言い分を聞くこと、もし、使途不明金の問題であるならば、①預貯金の引き出しが相続開始前か、開始後の問題か、②処分者は誰か、③引き出しを認めるのかを整理するようとの指示があった。

改正法Q&A

Q15 使途不明金の扱いはどのような実務になっていますか？

A 実務においては、相続人が、他の相続人の一人又は数人に対し、同人らが無断で被相続人の死亡直前や死亡後に被相続人名義の預貯金を引き出したこと、そして、その預貯金の使途が不明であることを問題とし、当事者の主張が激しく対立することが多く、これを使途不明金の問題と呼んでいます。

まず、相続開始前の払戻しについてですが、改正前民法下の実務においては、被相続人の生前に払い戻された預貯金は、被相続人の相続開始時及び分割時に存在しないことから、遺産分割の対象財産ではないとされ、被相続人が、預貯金を払い戻した相続人に対し、不法行為又は不当利得に基づく金銭債権を有していたとしても、その金銭債権は相続開始と同時に相続分に応じて分割されるものと考えられています。この点は相続法の改正により扱いが変わることはありません。

そこで、調停においては、使途不明金の問題は、本来不法行為又は不当利得の問題であり、訴訟事項であって審判事項ではないということを前提として、付随問題として処理するという運用をしています。

他方、相続開始後の払戻しについては、改正法により、預貯金が死後に払い戻された場合、民法九〇六条の二第二項が適用される場合がありますので、処分者や自己費消の認定ができる場合には、他の共同相続人の同意さえあれば、処分した相続人の同意がなくとも払い戻された預貯金を遺産の範囲に含めることができることとなりました。

山崎裁判官が本件の預貯金の引き出しにつき、相続開始前の問題なのか、開始後の問題なのかを整理するように指示し、さらに、処分者が誰なのか、真人さんが引き出しを認めるのか否かを確認するよう指示したのは、事件の進め方が異なることになるからです。

第2回調停期日

石原「双方同席の上で調停を進めましょう。私が呼んできます」

――双方当事者がともに調停室に入った。

1　全部分割の申立ての確認

石原「では、調停を始めます。前回の調停期日では、前提問題のうち、遺言書の効力については、無効と考える方向で一致しました。今日は、遺産の範囲について話合いをし、確定したいと考えています。よろしくお願いします。

また、期日間に、愛子さんと祐人さんから、全部分割の申立てがなされました。裁判所としては、遺産を全部分割するという方向で進行します。ご理解ください。真人さんが先に一部分割の申立てをしていますので、真人さんを申立人、愛子さんらを相手方とお呼びすることになります」

真人「分かりました。向こうが全部分割の申立てをした以上は仕方ない。早期に分割ができるのであれば全部だって、一部だって構いませんよ。くれぐれも早くやってください」

――真人は、石原の話にふてくされて答えた。利彦は黙って頷いた。

2　遺産の範囲

(1)　不動産の範囲

杉浦「では、遺産の範囲から確認していきましょう。不動産については、四筆の土地がありますが、千広町のキウイ畑二筆と米田町のみかん畑一筆ですね。それに鶴岡の土地一筆とその上物の建物一棟がありますが、これは自宅ですね。これ以外に不動産はありますか？」

鈴木「私が不動産登記簿や名寄帳で調べた限り、これらが不動産の全てです」

真人「俺もこれで全部だと思うよ」

石原「では、不動産はこれで確定できますね。他の遺産も確定できたら、併せて調書に取らせてもらいます」

(2)　預貯金の範囲

石原「では、預貯金等目録に沿って確認していきます」

杉浦「まず、かいこう銀行鶴岡駅前支店の普通預金ですが、死亡時に九〇〇万円ありましたが、死亡後に一五〇万円が引き出されていますね。これは愛子さんが払戻しを受けたということでよろしいですか」

鈴木「はい。これは愛子さんが、葬儀費用に充てるために、死亡後、銀行にお願いして限度額である一五〇万円の払戻しを受けました」

改正法Q&A

Q16　預貯金の払戻しがされた場合の効果はどうなりますか？

A　遺産の分割前において改正法の規定に基づき権利行使がされた預貯金債権については、その権利行使をした共同相続人が遺産の一部分割によりこれを取得したものとみなされます（民九〇九条の二後段）。

●払い戻された預貯金の表記

本件においては、払戻しをした愛子さんが（払い戻した預貯金である）一定額の現金を保管しているものと表記しています。

表記の方法として①「現金　一五〇万円（愛子保管）」、②「払い戻された預金一五〇万円（愛子払戻し）」が考えられます。

杉浦「葬儀費用の負担については、また後で議論するとして、かいこう銀行の普通預金の現在残高は七五〇万円ということで皆さんよろしいですね。あと、かいこう銀行の定期預金、霧笛信用金庫米田支店のスーパー定期預金も目録のとおりでよろしいですね。真人さん、利彦さん、どうですか」

——全員が頷いた。

(3)　使途不明金の問題

杉浦「ところで、霧笛信用金庫米田支店についてですが、死亡時には三五〇万円の定期預金と五〇〇万円の定期預金があったようです。祐人さん側の主張では、死亡後に、真人さんが五〇〇万円の方を解約し、お金を引き出し、取得しているとのことですね。鈴木代理人、このようなご主張ですね」
鈴木「はい。お金の移動は、取引履歴を確認済みです。霧笛信用金庫の取引履歴を提出いたしました」
杉浦「真人さん、いかがですか」
真人「確かに引き出したことは認めるよ。何かと入用になるから下ろしただけだよ。親父の借金の請求がきたから、それも払った。あんまり残ってないよ。残った分は遺産に戻すよ」
祐人「親父のために使ったみたいなこと言ってるけど、この前、車を買い替えたりしてるじゃないか。自分のために使ったんじゃないのか」

——祐人は、真人に対し、強い口調で言った。

鈴木「ここでムキになってもしょうがないよ。真人さんから次回までに使途の明細を出してもらおうよ。反論はそれを見てからってことにしよう」
杉浦「そうですね。被相続人のために使用しているのであれば、争いはなくなりますので、真人さんに説明していただく必要がありそうですね。真人さん、いかがですか」
真人「変な疑いをかけられるのも嫌なので、次回までに調べて書面を提出しますよ」

——憮然とした表情で答えた。

杉浦「では、いつ頃までに回答できますか？　次回期日は回答期限の一週間後にしましょう。預金以外の遺産は確定したということでよろしいですか？」

——全員が頷いた。第三回調停期日が決まり、第二回調停期日が終了した。

◇2◇ 不足していく生活費と預貯金の引き出しの可否

「遺産分割っていつ終わるのかしら」

――掃除をしている亜季の背中に、ため息交じりの愛子の声が聞こえてきた。

「結構時間がかかるっていう話はよく聞きますよね」

「そうよね」

――普通のことではへこたれずいつも明るい愛子だが、今日は表情が妙に暗かった。

「お義母さん、どうかされたんですか？」

「亜季さんにこういうこと言うのも恥ずかしいんだけど、預金が下ろせないでしょ。生活費も年金だけだと少ないし、ここにきてちょっと足りなくなってるのよ。祐人も援助してくれてはいるけど、預金だけでも下ろせないかなって思って。でも、葬儀費用として一五〇万円の払戻しを受けちゃっているしね」

――そうなんだ。遺産分割が長引けば長引くほど、お義母さんが苦しくなっていくことになる。

「鈴木先生に相談したらどうですか。何か良い方法があるかもしれませんよ」

「私のせいで調停が長引くんじゃないかって気になってなかなか言い出せなくてね」

「そんなこと気にすることないですよ。祐人さんには連絡しておきます。鈴木先生のところに行ってください」

◇3◇ 鈴木法律事務所――仮分割仮処分の検討と申立て

「なるほど、そういうことですね。気が付かなくてすみません。生活状況を確認するべきでした。早速、仮分割の仮処分の申立ての準備をします」

●仮分割の仮処分とは？

判例（最大決平成二八年一二月一九日家判九号六頁）は、従前の判例（最一小判昭和二九年四月八日民集八巻四号八一九頁）を変更し、預貯金債権は遺産分割の対象に含まれることになったので、遺産分割までの間は、共同相続人全員の同意を得なければ権利行使をすることができません。そうすると、生活費が不足している場合であっても遺産分割が成立しない限り払い戻すことはできないという問題が起こります。そこで、相続人の資金需要に応ずるため、改正相続法は仮分割の仮処分の申立ての制度を認めました。

「仮分割の仮処分って何？　お袋は一五〇万円を下ろしてしまってるだろ？　もっと下ろせるってこと？」

――祐人がけげんな表情で問いかけた。

「あのね。一五〇万円は、相続法の改正により、家庭裁判所の許可がなくても払い戻せるんだ。

今の話は、生活費が不足するなどの理由があれば、今度は、家庭裁判所の審判を得て、更に預貯金を払い戻すことが可能なんだ。改正により、要件が緩和されて、生活費に充てるためであれば、相続人に、預貯金を取得させることができる制度があるんだ」

改正法Q&A

Q17 仮分割の仮処分の類型にはどのようなものがありますか？

A 預貯金債権の仮分割の仮処分は、相続財産に属する債務の弁済、相続人の生活費の支弁など家庭裁判所が遺産に属する預貯金債権を行使する必要があると認める場合に認められます。

家事事件手続法二〇〇条三項では、相続財産に属する債務の弁済、相続人の生活費の支弁といった事情を例示として掲げていますが、これに限る趣旨ではありません。必要性の判断については、家庭裁判所の裁量に委ねられています（『一問一答』八〇頁参照）。

申立ての目的に着目すると、次の三類型に整理することができます。

一　類型① 扶養を受けていた共同相続人等の生活費や施設入所費等の支払のために必要である場合

二　類型② 医療費等の被相続人の債務の支払のために必要である場合

三　類型③ 葬儀費用や相続税等といった相続に伴う費用の支払のために必要である場合

です。

本件は、扶養を受けていた愛子さんの生活費の不足が理由となっています。

「じゃあ……」

「ああ。家庭裁判所の判断によるが、かいこう銀行の普通預金について仮分割の仮処分の申立てをすることにしよう」

「ありがとうございます。よろしくお願いします」

——愛子は頭を下げた。鈴木は、愛子らが事務所から帰ると、すぐに申立書の作成に取り掛かった。

改正法
Q&A

Q18 仮分割の仮処分の申立て手続要件は何ですか？

A　仮分割の仮処分の申立ての手続的要件ですが、管轄裁判所は、本案の遺産分割の審判又は調停事件の係属する家庭裁判所となります（家事法一〇五条）。本件遺産分割事件の管轄裁判所は開港家庭裁判所ですから、仮分割の仮処分の申立ての管轄裁判所も開港家庭裁判所となります。

申立権者は、本案の申立人又は相手方です（家事法二〇〇条三項）。愛子さんは、本案の相手方でもあり申立人でもあるので申立権者となります。

仮分割の仮処分の手続は、相続人全員が当事者になる必要があります。したがって、本件では、愛子さんが申立人となり、その余の真人さん、祐人さん及び利彦さんの三人を相手方として申し立てる必要があります。詳細については『実務運用』四九頁を参照してください。

●仮分割仮処分申立てのための資料

本件は、生活費等の支払を目的とする申立てですから、仮分割の仮処分の必要性を判断するための資料として、申立人の愛子さんの収入資料（年金等）、支出資料（家計収支表等）、陳述書等が必要となります。

被相続人と生計を一つにし、年金以外の収入を持たない愛子さんの生活費は、生前、被相続人の財産から支出されていたのですから、権利行使の必要性が高いとして、認められることになるでしょう。

【参考8】 仮分割仮処分の申立書

受付印	審判前の保全処分申立書(仮分割)
	(この欄に被相続人1名につき収入印紙1,000円分を貼ってください。)
収入印紙 1,000 円	
予納郵便切手 円	<貼った印紙に押印しないでください。>

開港 家庭裁判所 御中 令和 3 年 4 月 15 日	申 立 人 (法定代理人など) の記名押印	寺田愛子手続代理人弁護士 鈴 木 知 広 ㊞

		準口頭
本案調停・審判事件	令和 2 年(家イ) 800 号, 令和 3 年(家イ) 10 号	
当 事 者	別紙当事者目録のとおり	
債 権 目 録	別紙債権目録のとおり	
遺 産 目 録	別紙遺産目録のとおり	

求める保全処分

1 被相続人寺田信太郎(令和2年6月27日死亡)の遺産である別紙債権目録記載の預金債権を,同目録記載の申立人の取得額のとおり申立人に仮に取得させる。

2 申立人は,別紙債権目録記載の金融機関から前項の取得額の払戻しを受けることができる。

保全処分を求める事由

1 申立人は,被相続人と同居していた妻です。

2 別紙債権目録記載の預金口座は,被相続人の生前中は,取引先の売掛金や年金などの振り込みがなされ,夫婦共同の生活費用の引き落とし等に使用されていたものです。

3 申立人は,もっぱら被相続人の収入によって生計を立てており,遺産分割が終了するまでに生活費用を支出する資力を有していません。なお,申立人は,被相続人の死亡後,遺産分割前の預貯金の払戻し制度を利用し,既に被相続人名義の口座から150万円を払い戻していますが,葬儀費用に費消したため,生活費用が不足しています。

4 現在,御庁で遺産分割調停事件が係属中であり,払戻しに同意が得られません。

5 よって,本案遺産分割が終了するまでの間の生活費用として,「求める保全処分」記載のとおりの審判を希望します。

(注) 太枠の中だけ記入してください。 □の部分は該当するものにチェックしてください。

審判前の保全処分(／)

債　権　目　録

１．預金債権

かいこう銀行鶴岡駅前支店

普通預金

口座番号　１１１１１１１

残高　７，５００，０００円

（令和３年３月１日残高）

２．申立人の取得額

上記１の預金債権のうち

金２００万円

以　上

第３章　遺産の範囲の確定と特別寄与料の申立て

～前章まで～

愛子は，葬儀費用に充てるため，相続開始後に信太郎名義の普通預金から150万円の払戻しを受けたことを認める。また，愛子は，生活費が不足したため，預貯金の仮分割仮処分の申立てをする。

一方，真人は，相続開始後に信太郎名義の定期預金口座の１つを解約して500万円を取得したことは認めるものの，その一部を信太郎の借金の返済に充てたと主張する。

本章で扱う改正法Q&A

Q遺産確認訴訟と遺産分割調停との関係

Q死後に引き出された預貯金の解決方法（使途不明金の扱い）

Q配偶者短期居住権とは？

Q特別寄与料請求事件の管轄

Q特別寄与料における「特別の寄与」と寄与分における「特別の寄与」

Q特別寄与料請求の期間制限の理由

Q特別寄与料請求の併合審理

実務論点

◆使途不明金が問題となった場合の主張立証

◆評価の必要性

①　書記官室――仮分割仮処分の審理と審判書の送達

「仮分割の仮処分の申立ての方は、どうなっていますか?」

「山崎裁判官から、当事者の意見は書面で聴取するようにとの指示があったので、即日、照会書を普通郵便で送付しました。

全員からすぐに回答書が戻ってきました。相続人の皆さん、仮分割の仮処分の申立てそのものについて異議はありませんでした。裁判官に記録を上げたところ、審問期日を開いて陳述を聴取する必要はないとのことで、審判書の原本を作成していただきました」

――稲葉は森下からの質問に答えた。

「当事者には送達したかい」

「はい。すぐに謄本を作成して、送達も終わっています」

●仮分割の仮処分の審理手続

仮の地位を定める仮処分は、原則として、審判を受ける者となるべき者の陳述を聴かなければ命ずることはできません（家事法一〇七条本文）。陳述聴取の方法については限定されていませんが、審問期日を開いて陳述を聴取するほか、照会書等の書面によることも可能です。

実務においては、緊急性が特に高い事案を除いては、審問の期日を指定することが多いです。

審問期日を開いて陳述を聴取する場合は、

①　本案事件の期日と同一日時を期日として指定して同時並行で進める方法

② 本案事件と同一日で時間をずらして期日指定する方法
③ 本案事件とは独立に期日指定をして手続を進める方法
等が考えられます。

本件は、相続人において、申立てそのものについての異議がないこと、愛子さんの生活費に充てる必要があることから、緊急性が高いものとして、仮分割の仮処分に基づいて預貯金の払戻しが認められました。


「愛子さんの仮分割の仮処分を認める審判を出した後の経過はどうなっていますか?」

「鈴木弁護士が、かいこう銀行の普通預金口座の残高証明書を提出してきました。仮分割の仮処分で二○○万円の払戻しを受けたようです」

【参考９】 仮分割仮処分の主文例

主　　文

1　被相続人寺田信太郎（令和２年６月27日死亡）の遺産である別紙債権目録記載１の預金債権を，同目録記載２の申立人の取得額のとおり申立人に仮に取得させる。
2　申立人は，同目録記載１の金融機関から前項の取得額の払戻しを受けることができる。
3　手続費用は，申立人の負担とする。

（別紙）

債　権　目　録

1　預金債権
　かいこう銀行鶴岡駅前支店　普通預金
　口座番号１１１１１１１
　（名義人　被相続人　寺田信太郎）
2　申立人の取得額
　前記１の預金債権のうち200万円

⟨2⟩ 使途不明金の行方と調停委員への確認

「次に真人さんから、引き出したお金の使途が明らかになった書面は提出されたかな」

「提出がありましたが、引き出したお金の使途が明らかになったのは、引き出した五〇〇万円のうち二〇〇万円についてだけです。二〇〇万円については、債務の請求書と振込証書が提出されています。しかし、残りの三〇〇万円については、資料はありません。領収書がないのかも知れません。副本は鈴木弁護士と利彦さんに直送されています」

●使途不明金の使途についての説明責任

本件において、真人さんは、相続開始後に預金の五〇〇万円を引き出したことを認め、うち二〇〇万円については、その使途を明確にする資料を提出しました。しかし、残り三〇〇万円については使途を明らかにできていません。そこで、調停委員会は、真人さんに対し、三〇〇万円を何のために使ったのかを具体的に説明してもらう必要があります。

実務論点

⑩ 使途不明金が問題となった場合の主張立証

引き出した相続人が死後に払い戻したことを認めたものの、その引き出しは被相続人の生前における同人との委任契約又は準委任契約に基づくものであり、引出金は相続債務、遺産管理費用、葬儀費用等に充てたと主張する場合があります。引き出した当事者がこのような主張をした場合には、その主張に係る使用の事実や使用に至る経緯、遺産から支出することの相当性等について、裏付け資料の提出を求めることになります。

「調停委員にこのことを話しておかないとね」

「はい」

●書記官の役割

調停事件を担当する書記官は、期日間における書面の提出状況と書面の内容を把握し、事件の進展状況を調停委員に連絡し、進行について、情報を共有することが重要です。森下書記官は、稲葉書記官にこのことを教えています。

「おはようございます。真人さんから書面が出ていますか」

――森下と稲葉との話が終わると同時に杉浦が調停記録を取りに来た。稲葉は、杉浦に対し提出された書面の概要を説明した。

「石原さんが来たら僕から伝えておくね。前回の事後評議のときに裁判官から、遺産の範囲が確定したら中間調書を作成すると言われているので、そのときは連絡します」

「はい。そのときは連絡ください。裁判官と一緒に伺います。調停、よろしくお願いします」

――杉浦は、石原にこれまでの経緯を説明し、第三回調停期日が始まった。

第3回調停期日

1　遺産の範囲

(1)　真人への聴取——使途不明金の扱い

石原「では、第三回調停期日を始めます。本日は、前回の課題であった預金を含めた遺産の範囲を確定いたしましょう。まずは、真人さんからお話をお伺いします。愛子さん、祐人さん、利彦さんは、待合室でお待ちください」

——愛子らは退室した。

杉浦「書面と資料が提出されていますが、ご説明いただけますか」

真人「親父が私の知人の会社から農業機械を購入していて、その残りの未払金が私のところに請求が来たので支払いました。その二〇〇万円については、振込証書があったけど、他は、葬式や法要の際の食事代、僧侶のお車代やらで領収書を取っていないよ。皆のために使ったのは間違いないんだけどね。ただ、手元には五〇万円くらい残っているので、それは遺産に戻してもいいけど。他はもうないからね」

石原「では、使途が分かっているのは二〇〇万円で、お手元には五〇万円があるということなので、残りの二五〇万円がその使途がはっきりしないということになりますね。それではこの二五〇万円をどう扱うかについて祐人さんらに聞いてみましょう」
真人「領収書を取っていなかったのは、俺の手落ちだけど、取れない出費だってあるし、葬式でバタバタして、いちいちもらっていられなかったし。全部俺が負担するっていうのは納得がいかないな」
石原「分かりました。その事情も含めて話しておきます。では、祐人さんらと交代してください」

(2)　祐人らへの聴取——使途不明金の使途についての合意の可否

——石原は、祐人らに、真人から聞いた事情を伝えた。

鈴木「真人さんは、手元にある五〇万円は戻すが、二五〇万円については葬儀費用等、相続人全員のために使ったので、遺産分割の対象から除外してほしいということですね」
祐人「そんなの納得できるわけないですよ。勝手に下ろしておいて、何に使ったか、はっきり分からないのであれば、その分は、兄貴の取り分から差し引くのが筋じゃないですか」
鈴木「祐人、ちょっと待って。
　確認したいのですが、調停委員会としては、使途不明の二五〇万円を遺産の対象から除外して、使途不明金の問題として民事訴訟で解決してほしいということですか」
石原「そうではありません。確かに鈴木代理人が今話された解決方法もありますが、まず、相続開始後に処分された財産について、遺産から支出したものとするか否かにつき、皆さんが合意できるかを確認したいのです。

本件は、真人さんはお金を引き出したことは認めていますが、その引き出したお金の使途については、自分のものとして使用したことを認めておらず、葬儀費用等に使用したと主張しています。そこで、調停委員会としては、真人さんも含めて、皆さんが、引き出したお金の扱いをどうされるか、つまり、全額を遺産の対象に含めるものとするのか、その一部だけを遺産の対象に含めるのか、その全額は葬儀費用等の相続人全員のために使われたものとして遺産分割の対象から外すのか等について、その意向を確認し、できれば合意をとりたいのです」

鈴木「分かりました。こちら側で少し相談させてもらってよろしいですか」

石原「では、少し話し合ってください」

――祐人らは退室した。

(3)　祐人らの協議――使途不明金を遺産の対象に含めるか

祐人「兄貴の言うことを真に受けるのかよ。僕は納得できないな」

鈴木「まず、お兄さんは五〇〇万円を引き出したことは認めているね。次に、農薬機械の未払金として二〇〇万円を支払っている。このことは振込証書で証明されている。それに手元に五〇万円があることも認めている」

祐人「まあ、そうだけど……。残りの二五〇万円はどうなったの。お袋はどう考えるんだよ」

――突然話を振られた愛子は戸惑いながら口を開いた。

愛子「真人は、葬儀の時に一所懸命働いてくれたから、あまりうるさく言わなくてもいいのかなって思って

第３章

いるのよ。この前、近所での葬儀でも、法要の際の食事代、僧侶のお車代などが結構かかったという話も聞いたし、きっと出費が多くて、立て替えたものがあっただろうからね」

祐人「お袋まで兄貴の肩を持つのかよ。僕は納得できないな」

鈴木「残りの二五〇万円について、お兄さんが勝手に使ったとして彼の先取分とするかどうかが今の問題点だけど、お母さんが言ったように、お車代など領収書が取れないものもあるだろ」

祐人「……。確かに、お車代とかはそうだな。実際、こっちでは払っていない。そうすると、兄貴が払ったんだろうか……」

愛子「二五〇万円という金額は高いと思うけど……。でも五〇万円くらいは何やかんやで使っていると思うわ」

鈴木「大雑把な金額だけど、お母さんが言うように、五〇万円程度は認めてあげてもいいんじゃないか」

祐人「確かにお袋の言うことも一理あるな。五〇万円くらいは葬儀等に関連して使ったと認めてあげるか。でも、もし兄貴が認めなかったらどうする」

鈴木「真人さんが、二五〇万円の使い途につき、自分のために使用せず、全員のために使用したと立証できるかが問題となる。お父さんとの間の委任契約等があるか、その関係に基づく支出となるか否かが争点となる。解決方法として、二五〇万円について、遺産の対象に含まれることを前提として審判で判断してもらうか、二五〇万円が遺産であると認めてもらうために遺産確認訴訟を提起するか、不法行為等の民事訴訟で争うかを選択することになる。まずは、真人さんの意向を聞いてもらってからにしよう」

改正法Q&A

Q19　使途不明金を遺産に含める旨の遺産確認訴訟を選択した場合、遺産分割調停をどう進めればよいですか？

A　死後に引き出された預貯金が民法九〇六条の二第二項の規定により遺産に含まれることの確認を求める遺産確認訴訟を選択した場合においては、遺産分割手続の進め方については、①遺産分割の申立てを一旦取り下げて、遺産確認訴訟の終了後に遺産全部についてまとめて分割を行う方法、②死後に引き出された預貯金については遺産確認訴訟によるが、それ以外の残余財産については遺産分割手続を進める（一部分割となります。）方法のいずれかを検討することになります。

改正法Q&A

Q20　死後に引き出された預貯金について、どのような解決方法がありますか？

A　死後に引き出された預貯金についての解決方法として、遺産分割審判、遺産確認訴訟、不法行為に基づく損害賠償請求・不当利得返還請求訴訟の各方法があります。
各方法のメリットとデメリットについては、『改正相続法』八八頁参照。

祐人「分かったよ。お袋の言う通り、五〇万円については葬儀に関連して使ったとしよう」
鈴木「利彦君もいいよね」
利彦「僕は、構いません」
鈴木「よし。調停室に戻ろう」

(4)　祐人らへの聴取②——遺産の対象からの一部除外

鈴木「我々の意向が決まりましたので、お伝えします。使途がはっきりしない二五〇万円のうち五〇万円は、相続人全員のために使用したとして、遺産の対象から除外することを認めます。しかし、残りの二〇〇万円については、裏付ける証拠がないので真人さんが自分のために使用したもの、先取りしたものと主張します」

石原「分かりました。真人さんにもお伝えします」

――真人が入室した。

2　遺産の範囲の確定

真人「二〇〇万円は俺が使用したということ？　確かに領収書がないけど、気がついたら、なくなっていたんだ。そんな細かいこと言うのかよ。それを言ったら、お袋だって親父が死んでからだってタダで家に住んでいるよね。それだって家賃分の支払を免れていることにならないの」

石原「真人さん。愛子さんは、遺産分割協議が成立するまでは、無償で自宅に居住することができます。配偶者短期居住権というものです。ですから、家賃分の支払の問題は起きませんよ」

改正法Q&A

Q21　配偶者短期居住権とは？

A　配偶者短期居住権は、一方の配偶者死亡後の生存配偶者が居住建物を無償で使用することができる権利です。

被相続人が死亡した場合でも、配偶者は、それまで居住してきた建物に引き続き居住することを希望するのが通常です。

被相続人が存命中には、配偶者が被相続人の占有補助者として居住建物に居住できるものと考えられます。

しかし、被相続人が死亡すると、被相続人の占有補助者としての資格を失うことになり、結局、配偶者の居住権を保護することはできません。

相続開始に伴う配偶者の居住権の保護に関しては、判例（最三小判平成八年一二月一七日民集五〇巻一〇号二七七八頁）は、相続人の一人が相続開始時に被相続人所有の建物に居住していた場合には、特段の事情のない限り、被相続人とその相続人との間で、相続開始時を始期とし、遺産分割時を終期とする使用貸借契約が成立していたものと推認されると判示して、配偶者は、遺産分割が終了するまでの間、短期的な居住権が認められるものとしました。

しかし、この判例法理によっても、第三者に居住建物が遺贈されてしまった場合や、被相続人が反対の意思を表示した場合には使用貸借は推認されず、配偶者の居住権は保護されない事態が生じます。そこで、被相続人が居住建物を遺贈した場合や、反対の意思を表示した場合であっても、相続開始時から、遺産分割により居住建物の帰属が確定した日又は相続開始の時から六か月を経過する日のいずれか遅い日までの間は配偶者の居住権を保護するものとして、配偶者短期居住権（民一〇三七条から一〇四一条）を認めました（『一問一答』三四頁）。

真人「……自分としては納得はできないけど、俺の口座にあるうちに、なくなってしまったのだから、責任があることは認めるよ。妻も分かってくれるだろう」

——真人も正直なところ、どうやって二五〇万円がなくなったか分からなかった。自分の口座に入金してそこから使う度にまとまった単位で引き下ろして使っていたから、生活費とかにも使ったかもしれない。

杉浦「よく考えられましたね」

真人「まず二〇〇万円は農業機械の購入費用の支払に、そして、五〇万円は葬儀費用等に使ったものとし、使途不明と主張された二五〇万円のうちの二〇〇万円と手元にある五〇万円の合計二五〇万円を俺が保管しているものとすればいいんですよね」

杉浦「はい。これで遺産の範囲が確定できますね」

鈴木「提案というかお願いがあります。この際、愛子さんが、以前に葬儀費用として払い戻した一五〇万円も信太郎さんに関連して使用したものなので、それも遺産から支出することでどうでしょうか」

石原「葬儀費用は喪主が負担するとの考え方に立って、愛子さんが喪主でしたから、愛子さんの負担となると考えられますが、みなさん、遺産から支出するということでよろしいですか？」

真人「俺の五〇万円も葬儀費用として遺産から出すことにしたんだから、お袋の支出した葬儀費用はなおさら遺産から支出しないとおかしいよね。いいですよ。遺産から支出するものとして」

杉浦「それでは、今一度、確認します。愛子さんに関してですが、これまでは、愛子さんが現金として一五〇万円を保管していたという扱いをしていました。しかし、このような扱いをしないことになります。よろしいですね」

――全員が頷いた。これで遺産の範囲が確定した。

石原「中間合意調書を作成します。評議しますので、しばらく待合室でお待ちください」

3　中間合意調書の作成

稲葉「分かりました。遺産の範囲が確定したんですね。裁判官と伺います」

森下「合意ができたんだね」

稲葉「はい。使途不明金も解決したようです。葬儀費用の負担の件も解決したので、よかったです」

森下「そうだね。これで最初のステップを超えたことになるね。これからの進行管理もしっかり行ってください」

——稲葉は、中間合意調書を作成するために、山崎とともに調停室に向かった。

山崎「全員、ご出席ですね。調停委員から遺産の範囲が確定したという報告を受けました。遺言の扱いを含めて調書に残すことにします。よろしいですね」

——全員が頷いた。

山崎「まず、三通の遺言書は無効であることを確認します。
次に、遺産の範囲ですが、遺産目録記載の遺産が被相続人の遺産であることを確認します。
預金については、現在額を記載することにします。また、真人さんが霧笛信用金庫から引き出した預金のうち、二〇〇万円と手元にある五〇万円は、遺産の範囲に含むことになりましたので、遺産目録には、真人さんが管理する現金として記載しておきます。
また、愛子さんが払い戻した一五〇万円については葬儀費用に支出したものとして遺産から支出することになりました。したがって、従前、愛子さんが保管していた『一五〇万円』については、遺産目録から除外されることになります。一方、愛子さんは仮分割仮処分により二〇〇万円の払戻しを受けています。そこで、愛子さんが『二〇〇万円の現金』を保管していることになりました。
次回は、遺産の評価に入ります」

【参考10】 中間合意調書の例（遺産の範囲）

当事者全員

1　被相続人が作成した自筆証書遺言３通（令和２年10月８日に検認手続を経たもの）は，いずれも無効であることを確認する。

2　別紙遺産目録記載の財産が被相続人の遺産であることを確認する。

(別紙)

遺　産　目　録

一　不動産

1　土　地

(1)　所　　在　開港市中央区千広三丁目
　　地　　番　１番４
　　地　　目　畑
　　地　　積　２５１５平方メートル

(2)　所　　在　開港市中央区千広三丁目
　　地　　番　１番５
　　地　　目　畑
　　地　　積　１７００平方メートル

(3)　所　　在　開港市中央区米田一丁目
　　地　　番　２番７
　　地　　目　畑
　　地　　積　３８６５平方メートル

(4)　所　　在　開港市中央区鶴岡一丁目
　　地　　番　１１番３
　　地　　目　宅地
　　地　　積　２５０．００平方メートル

2　建　物

所　　在　開港市中央区鶴岡一丁目１１番地
家屋番号　１１番３

種　　類　居宅
構　　造　木造かわらぶき２階建
床 面 積　1階　５５．００平方メートル
　　　　　2階　４５．００平方メートル

二　預貯金
　1　かいこう銀行鶴岡駅前支店
　　普通預金
　　口座番号（１１１１１１１）
　　５，５００，０００円（令和３年５月１日現在額）

　2　かいこう銀行鶴岡駅前支店
　　定期預金
　　口座番号（２２２２２２２）
　　３，０００，０００円（令和３年５月１日現在額）

　3　霧笛信用金庫米田支店
　　スーパー定期預金
　　口座番号（３３３３３３３）
　　３，５００，０００円（令和３年５月１日現在額）

三　その他
　1　株　式
　⑴　株式会社港町鉄道　　株式　１００株
　⑵　波止場電気株式会社　株式　１００株

　2　預り金
　⑴　２５０万円（申立人真人保管）
　⑵　２００万円（相手方愛子保管）

4　調停期日の終了と次回期日の確認（遺産の評価）

石原「皆さん。今、裁判官が話されたとおり、次回は、遺産の評価に入ります。不動産の評価が問題になりますので、評価額の意見を主張書面で出してください」

真人「すみません。評価をと言ったって、俺は、キウイ畑の売却を希望しているんだから、評価は不要なんじゃないですか。売って現金にして平等に分けるだけなんだから」

実務論点

11　評価の必要性

遺産分割は、現金・預貯金、株式、不動産、動産などの財産から構成される総遺産を具体的相続分に応じて、相続人に公平かつ適正に分配することを目的とする手続ですから、その前提として、総遺産の経済価値を評価する必要があります。

評価と遺産の分割方法との関係では、現物分割（遺産を現物で分割する）及び代償分割（特定の相続人が遺産を取得し、他の相続人に対し代償金を支払う）の場合には、他の遺産の取得や代償金の存否及び代償金額等との判断資料として、評価が必要となります。

他方、換価分割及び共有分割の場合には、原則として評価は不要です。しかし、特別受益、寄与分が問題となる事案においては、相続開始時を基準として「みなし相続財産」を算出しますので、遺産分割時に存在する相続財産については、分割時のほかに相続開始時の評価も必要となります。

●キウイ畑の評価の必要性

本件において、真人さんは、「キウイ畑は売却するから評価は不要である」と主張しています。しかし、本件では、寄与分の問題がありますので、相続開始時を基準とする「みなし相続財産」を算出する必要があります。そのため、遺産の評価額を確定しなくてはいけません。

祐人「それは兄貴の言い分だろ。僕は親父が残したキウイ畑などの土地を取得したいと思っているんだから」

鈴木「代償分割と関連しますので、当方は評価が必要と考えます」

杉浦「ちょっと待ってください。以前にご説明したとおり、遺産分割調停の進め方には、決められた手順があります。思い出してください。遺産の範囲が確定した後に行うのは評価でしたよね」

●段階的進行モデル

実務においては、遺産分割事件を適正かつ迅速に進めるために、民法の規定を踏まえて、①相続人の範囲、②遺産の範囲、③遺産の評価、④各相続人の取得額（特別受益、寄与分）、⑤遺産の分割方法について、この順番で審理を進めるとともに、各段階において当事者の主張（意見）を整理し、対立点の調整を図り、合理的な合意を形成するなどして、段階的に手続を積み重ねていくことにより、調停の成立又は審判による終局的解決を目指しています。

杉浦委員は、この段階的進行モデルに基づく進行の重要性を理解して、真人さんを説得しています。

――真人は頷いた。

杉浦「本日はこれで終わりとしましょう。評価についての主張は、次回期日の一週間前までにご提出ください。お疲れ様でした」

――第三回調停期日が終了した。

③ 特別寄与料の請求――愛子と祐人からの提案

「おはようございます」

――愛子宅を訪れた亜季は、呼び鈴を押しながら、元気な声で挨拶をした。いつもなら、愛子が玄関近くまで来て、挨拶を返してくれるのに、今日はどうしたのだろう……。ドアを開けて中に入ろうとすると、玄関に男ものの靴が一足揃えて置いてあった。また、祐人さんが来ているんだわ。

「祐人さん、おはようございます」

「そろそろ亜季さんが来ると思って待っていたんだよ」

――私を待っていた？　何だろう？　亜季は不思議に思った。

「調停の進捗状況は、利彦君から聞いているでしょ」

「あの子は、あまり話をしないんですよ。初回の時も、『何を話しているか全然分からない』と言っていたし、それ以後も、私が聞いても、はっきり話してくれないんです。何かあったんですか？」

「前回の調停で遺産の範囲が確定して、次回からは遺産の評価に入るんだけどね」

「はぁ」

——祐人の説明に全くついていけず、生返事をするしかなかった。

「それで鈴木先生に相談したんだけど、次回、以前話した特別寄与料の申立てをしてみる気はないかと思ってね。それで亜季さんが来るのを待っていたんだ」

——そういえばそういう話を聞いたのを思い出した。

「この前も話したとおり、よかったら申立てをしてみたら」

「でも、私はお金をもらおうと思ってお世話していたわけではないし。たまたま家が近所だったからなんで……」

「でもさ。本来は僕たちが面倒をみなければならなかったのを、亜季さんに任せちゃったんだから。それに近所だからといっても、毎日面倒をみるのは大変なことなんだから。正直、僕も負い目を感じているし」

「お父さんも感謝していたからこそ遺言書で株式をあげようとしていたんだから。それが無効になってしまったから、私達も残念で……。何らかのお礼として、特別寄与料という形でお渡しするのがお父さんの遺志だと思うのよ」

「分かりました。でも、私が申立てをしたことで、話がこじれるようであれば、その時はやめてもいいですよね」

「大丈夫。それは鈴木先生にも確認したから。じゃあ、申立書の用紙をもらってきたから、渡しておくよ」

――祐人はそう言って茶色の封筒を亜季に手渡した。

「分かりました。夫が亡くなったときに相談していた弁護士の方がいるので、相談してみます」

【参考11】　特別の寄与に関する処分調停（審判）を申し立てる方へ

〈特別の寄与に関する処分調停（審判）を申し立てる方へ〉

1　概要

相続人ではない被相続人の親族で，被相続人の財産の維持又は増加について特別の寄与をした者（これを「特別寄与者」といいます。）は，相続人に対し，寄与に応じた額の金銭（これを「特別寄与料」といいます。）の支払を請求することができます。この特別寄与料の支払について，当事者間に協議が調わないとき又は協議をすることができないときには，家庭裁判所の調停又は審判の手続を利用することができます。

調停手続を利用する場合は，特別の寄与に関する処分調停事件として申し立てます。調停手続では，調停委員会が，当事者双方から事情を聴いたり，必要に応じて資料等を提出していただいた上で，解決案を提示したり，解決のために必要な助言をし，合意を目指した話合いが進められます。

調停の流れは下図のとおりです。調停は平日に行われ，１回の時間はおおむね２時間程度です。申立人待合室，相手方待合室でそれぞれお待ちいただいた上で，交互又は同時に調停室に入っていただきます。調停委員が中立の立場で，双方のお話をお聴きしながら話合いを進めていきます。

また，原則として，各調停期日の開始時と終了時に，当事者ご本人全員に同時に調停室に入っていただき，調停の手続，進行予定や次回までの課題等に関する説明を行いますので，支障がある場合には，「進行に関する照会回答書」にその具体的な事情を記載してください。手続代理人が選任されている場合も同様です。上記説明の際に使用しますので，各調停期日にはこの書面を必ず持参してください。

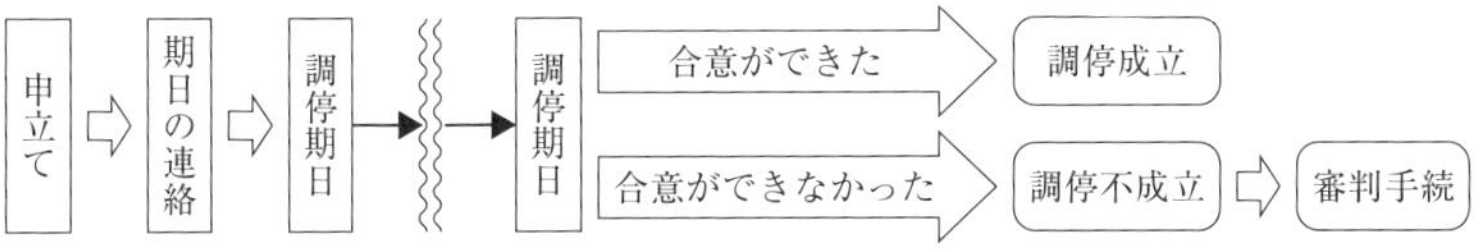

話合いがまとまらず調停が不成立になった場合には，自動的に審判手続（通常は遺産分割審判が係属中の場合は，遺産分割審判と特別の寄与に関する処分審判が併合して行われます。）が開始され，裁判官が，双方からお聴きした事情や提出された資料等一切の事情を考慮して，審判をします。

審判を申し立てた場合でも，調停手続が先行することがあります。

※　令和元年７月１日より前に開始した相続については，この申立てはできません。

注　家事事件手続（調停，審判，調査等）においては，録音・録画・撮影は禁止されています。

2　申立人

被相続人に対して無償で療養看護その他の労務の提供をしたことにより被相続人の財産の維持又は増加について特別の寄与をした被相続人の親族（相続人，相続の放棄をした者，相続人の欠格事由（民法891条の規定）に該当する者及び廃除によってその相続権を失った者を除く。）

３　申立期間

申立ては，特別寄与者が相続の開始があったこと及び相続人を知った時から６か月を経過したとき，又は相続開始の時から１年を経過したときはすることができないとされています。

４　申立てに必要な費用

□　収入印紙：申立人１人につき，1,200円（相手方又は被相続人が２人以上の場合は「収入印紙1,200円×相手方の人数×被相続人の人数」）

□　連絡用郵便切手

：特別の寄与の申立てのみの場合：3,310円分（100円×10枚，84円×10枚，50円×20枚，20円×10枚，10円×20枚，５円×10枚，２円×10枚）※相手方10人まで。以後10人ごとに１セット必要になります。

：遺産分割調停が先行している場合1,022円（100円×２枚，84円×８枚，10円×14枚，１円×10枚）※相手方10人まで。以後１人増すごとに313円分（100円×１枚，84円×２枚，10円×４枚，１円×５枚）が必要となります。

５　申立て時の提出書類等とその取扱い

⑴　申立て時の提出書類等

次の書類を提出していただきます。

□　申立書　裁判所提出用１通＋相手方全員の人数分

→　申立書は，法律の定めにより相手方全員に送付しますので，裁判所用，相手方用（全員分），申立人用の控えを作成してください。

□　連絡先等の届出書１通

□　進行に関する照会回答書１通

□　事情説明書１通

□　申立人，相手方の戸籍謄本（全部事項証明書）

□　被相続人の死亡の記載のある戸籍（除籍，改製原戸籍）謄本（全部事項証明書）

※同じ書類は１通で足ります。

※申立人，相手方の戸籍謄本は，３か月以内に発行されたものを提出してください。

⑵　提出方法

・調停（審判）では，必要に応じて，自分の主張を裏付ける資料等を提出していただくことがあります。調停委員会（裁判官）の指示に従って提出してください。

・書類等を提出する場合には，裁判所用のコピー１通を提出するとともに，調停（審判）期日にはご自身用の控えを持参してください。

他の当事者に交付したい書類等を提出するときは，裁判所用のコピー１通及び他の当事者用のコピー（他の当事者が複数の場合には全員分）を提出するとともに，調停（審判）期日にはご自身用の控えを持参してください。

・書類等の中に他の当事者に知られたくない情報がある場合で，家庭裁判所が見る必要がないと思われる部分（住所秘匿の場合の源泉徴収票上の住所等）は，マスキング（黒塗り）をしてください。（裁判所用及び他の当事者用のコピー全てにつき同様に作成してください。）

・マスキングができない書面については，「非開示の希望に関する申出書」に必要事項を記載した上で，その申出書の下に当該書面を付けて一体として提出してください。この申出書を参考に，裁判官が，他の当事者の閲覧・謄写（コピー）申請を認めるかどうか判断します。

(3)　提出された書類等の閲覧・謄写（コピー）

相手方から閲覧・謄写（コピー）の申請があった場合，これを許可するかどうかは裁判官が判断します。そのため，「非開示の希望に関する申出書」が提出されている場合であっても，閲覧・謄写が許可される可能性があります。

また，調停が不成立となって審判手続が開始された場合，審判のために必要な書類等については，調停手続では閲覧・謄写の申請がなかったり，申請はあったが許可されなかった書類等であっても，閲覧・謄写の申請があれば，法律の定める除外事由がない限り許可されます。これは，最初から審判を申し立てた場合も同様です。

６　申立先

調停の場合は，相手方の住所地を管轄する家庭裁判所となります。審判の場合は，相続開始地（被相続人の最後の住所地）を管轄する家庭裁判所となります。ただし，調停・審判いずれについても，相手方との間でどこの家庭裁判所で行うかについての合意ができており，申立書と共に「管轄合意書」を提出された場合には，その合意された家庭裁判所で手続をします。

【参考12】　特別の寄与の調停申立書

この申立書の写しは，法律の定めるところにより，申立ての内容を知らせるため，相手方に送付されます。

受付印

収入印紙　円	
予納郵便切手　円	

☑ 調停
家事　　申立書 事件名（特別の寄与に関する処分）
☐ 審判

（この欄に申立て１件あたり収入印紙１，２００円分を貼ってください。）

印　紙

（貼った印紙に押印しないでください。）

開港　家庭裁判所 御中 令和 3 年 5 月 25 日	申立人 （又は法定代理人など） の記名押印	寺田亜季手続代理人弁護士 和　田　さや子　印

添付書類	（審理のために必要な場合は，追加書類の提出をお願いすることがあります。） 戸籍（除籍・改正原戸籍）謄本・全部事項証明書　○通	準口頭

申立人	本籍（国籍）	都道府県　※１	
	住所	〒 ○○○－○○○○ ○○県開港市中央区鶴岡一丁目３番24号（　方）	
	フリガナ 氏名	寺《テラ》田《ダ》亜《ア》季《キ》	大正・(昭和)・平成・令和 49 年 4 月 15 日生（47 歳）
相手方	本籍（国籍）	都道府県　※１	
	住所	〒 ○○○－○○○○ ○○県開港市中央区鶴岡一丁目11番３号（　方）	
	フリガナ 氏名	寺《テラ》田《ダ》愛《アイ》子《コ》	大正・(昭和)・平成・令和 15 年 2 月 28 日生（81 歳）

（注）太枠の中だけ記入してください。

※１　本申立てについては，本籍の記入は不要です。

別表第二，調停（1/3）

※ 相手方	本籍	都道 府県	※1
	住所	〒 ○○○－○○○○ ○○県開港市中央区余田三丁目33番8号　カルム余田403 （　　　方）	
	フリガナ 氏名	寺《テラ》田《ダ》真《マサ》人《ト》	大正 (昭和) 40年 2月 28日生 平成 令和　（56歳）
※ 相手方	本籍	都道 府県	※1
	住所	〒 ○○○－○○○○ ○○県開港市中央区今道三丁目８番２号 （　　　方）	
	フリガナ 氏名	寺《テラ》田《ダ》祐《ユウ》人《ト》	大正 (昭和) 45年 5月 1日生 平成 令和　（51歳）
※ 被相続人	本籍	都道 府県	
	最後の 住所	〒 ○○○－○○○○ ○○県開港市中央区鶴岡一丁目11番３号 （　　　方）	
	フリガナ 氏名	寺《テラ》田《ダ》信太郎《シンタロウ》	大正 昭和 2年 6月 27日 ~~生~~ 死亡 平成 (令和)　（83歳）
※	本籍	都道 府県	
	住所	〒　－ （　　　方）	
	フリガナ 氏名		大正 昭和　年　月　日生 平成 令和　（　歳）

(注)　太枠の中だけ記入してください。※の部分は，申立人，相手方，法定代理人，不在者，共同相続人，被相続人等の区別を記入してください。

この申立書の写しは，法律の定めるところにより，申立ての内容を知らせるため，相手方に送付されます。

申　立　て　の　趣　旨
相手方らは，申立人に対し，特別寄与料として，それぞれ相当額を支払うとの調停を求めます。

申　立　て　の　理　由
申立人は，被相続人寺田信太郎の三男亡寺田隼人の妻であり，相手方寺田愛子は妻，寺田真人は長男，寺田祐人は二男になります。 被相続人夫婦は，当初，寺田祐人夫婦と同居していましたが，祐人夫婦は離婚したこともあり，以後，被相続人宅の近くに住んでいた申立人ら夫婦が被相続人宅を頻繁に訪れて被相続人夫婦の世話や掃除等を行ってきました。 被相続人は，元々高血圧と糖尿病の持病があったところ，平成20年１月に，脳梗塞を起こし，２週間ほど入院しました。早期に発見されたため，大事には至りませんでしたが，その頃から体調を崩しがちとなり，また，妻の愛子も高齢のため，夫婦だけの生活は容易でありませんでした。申立人は元看護師ということもあって，夫の隼人に頼まれ，平成22年４月から，ほぼ毎日被相続人宅に出向き，家事全般と被相続人の世話を行いました。 平成26年に夫が亡くなってからは，申立人は看護師として午後だけ就労し，午前は引き続き被相続人宅に行き，被相続人宅の家事や被相続人の世話をしていました。 平成27年９月，被相続人は，再び脳梗塞となって入院しました。今回も２週間ほどで退院できましたが，今度は左半身に麻痺が残り，歩行が不自由になってしまいました。要介護度は，２となりました。ベッドと車椅子の移動は女性の申立人にとって大変でした。 令和元年８月，被相続人は転倒してしまい，股関節を骨折し寝たきりとなってしまいました。要介護度も５となり，１か月の入院後，自宅に帰ることになりました。全くの寝たきりとなり，食事，排泄も全部介護を必要とし申立人が担ってきました。 被相続人は，令和２年６月20日，かぜをこじらせ，肺炎となり，救急車で病院に運ばれましたが，意識が戻らず，同月27日に亡くなり，申立人は，同日，相続が開始したこと，相手方らが相続人であることを知りました。 そこで，申立人は，相手方らに対し，療養看護をしたことによる被相続人の財産の維持，増加に対する申立人の特別の寄与を主張し，特別寄与料として，それぞれ相当額を支払うよう本申立てをします。

別表第二，調停（**3**／**3**）

【参考13】 事情説明書（特別の寄与）

開港家庭裁判所遺産分割係　宛　　　　　令和　年（家　）第　　号
（期日通知等に書かれた事件番号をお書きください。）

事情説明書（特別の寄与）

寺田亜季手続代理人弁護士

令和 3 年 5 月 25 日　　申立人《ふりがな》 和《わ》 田《だ》 さや子《さやこ》 印

この書類は，申立ての内容に関する事項を記載していただくものです。あてはまる事項にチェックを付け（複数可），必要事項を記入の上，申立書とともに提出してください。

なお，調停手続では，この書類は相手方には送付しませんが，相手方から申請があれば，閲覧やコピーが許可されることがあります。審判手続では，相手方に送付しますので，審判を申し立てる方は，相手方の人数分のコピーも併せて提出してください。
おって，遺産目録を作成した場合，その遺産目録は相手方に送付します。

（代理人弁護士の方へ）本書面は，申立人本人作成，代理人作成のいずれでもかまいません。申立書と重複した内容があっても，お手数ですが記載してください。

第1　特別の寄与の前提となる問題についてお聞きします。	
1【当事者の範囲】 あなたと被相続人はどのような親族関係にありますか。	私は，被相続人の（ 亡三男の妻 ）にあたります。
	※ 今回請求している相手方の他にも，被相続人の相続人はいますか。 □ いない。 ☑ いる。　⇒その方々のお名前と続柄をお書きください。 （その人の氏名　寺田利彦　被相続人との続柄　孫（亡三男の子）） （その人の氏名　被相続人との続柄　） □ 分からない。
2【遺産の範囲】 遺産内容を知っていますか。	☑ 全部知っている。⇒別紙の遺産目録にお書きください。 □ 一部知っている。⇒知っている範囲で，別紙の遺産目録にお書きください。 □ 知らない。
	※ 被相続人に債務はありますか。 □ ある。⇒以下に，債務の内容をお書きください。 （内容：　残債務額：　） ☑ ない。 □ 分からない。
3【遺言書】 被相続人の遺言書はありましたか。	□ 遺言書はなかった。 □ 公正証書による遺言書があった。 ☑ 自筆証書による遺言書があった。　⇒下記 ※へ □ 分からない。
	※ 裁判所による遺言書の検認は受けましたか。 ☑ 検認を受けた。 ⇒検認を受けた裁判所名と事件番号をわかる範囲でお書きください。 （ 開港 家庭裁判所　支部　令和 2 年（家）○○号，○○号，○○号 ） □ まだ検認を受けていない。 □ 分からない。
遺言書をお持ちの方は，初回調停期日の1週間前までに，その写しを当係宛に郵送又はFAXして下さい。	

1

第3章

<table>
<tr><td colspan="2">第2　今回の申立てについてお聞きします。</td></tr>
<tr><td rowspan="2">1　今回の申立ての前に，相手方と特別の寄与に関する話し合いをしましたか。</td><td>□　話し合いをして，概ねまとまった。　⇒□合意書あり，　□合意書なし
☑　話し合いをして，一部まとまった。　⇒□合意書あり，　☑合意書なし
□　話し合いをしたが，まとまらなかった。　⇒下記 ※へ
□　話し合いをしなかった。
（理由　　　　　　　　　　　　）</td></tr>
<tr><td>※　なぜ話合いがまとまらなかったと思いますか。　＊複数回答可
□　感情的に対立してしまい，話にならなかったから。
□　話合いに応じなかったり，避けたりしている相続人がいるから。
□　特別寄与料をいくら払うかで揉めたから。
□　その他（　　　　　　　　　　　　）
□　分からない。</td></tr>
<tr><td>2　今回の申立ては，どの類型に当たりますか。どれにも当てはまらない場合は，「その他」に具体的にお書きください。</td><td>☑　療養監護　⇒以下に具体的内容をお書きください。
（　後日，申立人の陳述書提出予定　　　　　）
□　家業従事　⇒以下に具体的内容をお書きください。
（　　　　　　　　　　　　）
□　その他（　　　　　　　　　　　　）</td></tr>
<tr><td colspan="2">特別の寄与に関する合意書等をお持ちの方は，初回調停期日の１週間前までに，その写しを家事5部宛に郵送又はFAXして下さい。</td></tr>
</table>

<table>
<tr><td colspan="2">第3　関連する事件についてお聞きします。</td></tr>
<tr><td>1　被相続人の遺産分割は終了していますか。</td><td>□　終了している。
⇒　家庭裁判所の調停や審判で終了した場合は，その裁判所名と事件番号を分かる範囲でお書きください。
（　　　家庭裁判所　　　支部，令和　　年(家　)第　　　　号)
☑　終了していない。
⇒　家庭裁判所の調停や審判が係属中の場合は，その裁判所名と事件番号を分かる範囲でお書きください。
（　開港　家庭裁判所　　支部，令和２年(家イ)第 800 号，令和３年(家イ)第 10 号)
□　分からない。</td></tr>
<tr><td>2　本件の相手方以外にも相続人がいる場合，その相続人に対して，特別寄与料の請求をしていますか。</td><td>□　請求している。　(その相続人の名前　　　　　　　　)
⇒　家庭裁判所に調停や審判が係属中の場合は，その裁判所名と事件番号を分かる範囲でお書きください。
（　　　家庭裁判所　　　支部，令和　　年(家　)第　　　　号)
☑　請求していない。</td></tr>
<tr><td>3　あなた以外の被相続人の親族のうち，相続人に対して，特別寄与料の請求をしている人がいますか。</td><td>□　いる。　⇒その方のお名前と続柄をお書きください。
(その人の氏名　　　　　　　被相続人との続柄　　　　　)
☑　いない。
□　分からない。</td></tr>
</table>

【参考14】 陳述書（特別の寄与）

令和３年(家イ)第　　　　号　特別の寄与調停申立事件

陳　述　書

令和３年５月25日

開港家庭裁判所遺産分割係　御中

申立人　寺　田　亜　季

申立人寺田亜季は，以下のとおり，被相続人寺田信太郎の療養看護に努めましたので，相当額の特別の寄与を認めていただきたいと思います。

記

1　申立人は，被相続人の亡三男寺田隼人の妻です。被相続人夫婦は，当初二男の寺田祐人夫婦と同居していましたが，被相続人夫婦と二男の妻が折り合わなかったこともあり，平成14年頃，二男夫婦は離婚し，二男の元妻は子どもを連れて出て行ってしまいました。そんなこともあり，以後は，被相続人宅の近くに住んでいた申立人夫婦が被相続人宅を頻繁に訪れて被相続人夫婦の世話や掃除等を行ってきました。

2　被相続人は，元々高血圧と糖尿病の持病を有し，治療を受けていましたが，血圧や血糖値が安定すると勝手に服薬をやめてしまうところがありました。平成20年１月，被相続人は，脳梗塞を起こし，開港記念病院に緊急搬送されました。その時は早期に発見されたため大事には至らず，14日ほどで退院できましたが，その頃から体調を崩しがちとなり，日常生活においてサポートせざるを得なくなりました。被相続人の妻も高齢で，当時申立人は専業主婦でしたので，被相続人夫婦や夫に頼まれて，その頃から申立人がほぼ毎日被相続人宅に顔を出し，家事の一部と被相続人の世話を行うようになりました。具体的には，子の利彦を小学校に送り出した後，被相続人宅に行き，被相続人夫婦の朝食を用意し，後片付けや自宅の掃除を行いました。また，申立人は，以前看護師として働いていた経験があることから，被相続人の服薬の管理や清拭などを行ってきました。早めに被相続人夫婦の夕食の支度を終え，午後５時頃，学校からまっすぐ被相続人宅に来ていた利彦と一緒に自宅に帰るという生活をずっと続けてきました。

3　平成26年９月３日，申立人の夫の隼人は，心不全で突然死んでしまいました。夫が亡くなってからは，遺族年金だけでは生活できないため，看護師として就労することとしました。しかし，被相続人夫婦の面倒もみざるを得ませんでしたので，午後だけ働くこととし，午前は引き続き被相続人宅に行き，被相続人宅の家事や被相続人の世話を担当してきました。被相続人夫婦は，夫に先立たれた申立人を不憫がり，随分とかわいがってくれました。

4　平成27年９月，被相続人は，再び脳梗塞を起こし，開港記念病院に入院しました。入院中に一生懸命リハビリを行った甲斐があって，寝たきりとなることは避けられましたが，左半身に麻痺が残り，歩行が不自由になってしまいました。被相続人は，要介護２と認定され，以後，週２回リハビリと入浴サービスを受けるようになりましたが，リハビリを痛がって嫌がるため，申立人が必ず付き添い，励ましていました。

5　令和元年８月，被相続人は，夜中に被相続人の妻の手を借りてベッドから簡易トイレに移ろうとした際に転倒してしまい，股関節を骨折し，開港記念病院に入院しました。手術したものの，高齢のため骨の付きは悪く，立つこともできなくなり，要介護度は５となりました。申立人が毎日午前に介護するだけでは十分な介護ができないため，被相続人の妻と相談し，有料老人ホームに入所させることも考えたのですが，本人が嫌がり，１か月の入院後，自宅に帰ることになりました。被相続人は，気力も失い，寝て過ごすことが多くなり，食事や排泄もほぼ介護を必要とし，週２回のリハビリと入浴のサービスのほか，毎日１時間の介護サービスを受けていましたが，それ以外の世話はもっぱら申立人が担ってきました。

6　被相続人は，頭はしっかりしていたので，介護する申立人に日頃から申し訳ない，申し訳ないと言ってくれていました。また，被相続人の妻や被相続人の二男から，被相続人の遺志だからと促され，本申立てを行った次第です。

④ 書記官室――特別寄与料請求の申立て

「主任、寺田さんの事件で特別寄与料請求の申立てがされました」

――川人が小林主任書記官に調停記録を手渡しながら言った。

「森下さん、確か答弁書に記載されていたよね」

「はい。亡くなった隼人さんの奥さんですよね。寺田亜季さんだったと思います」

「稲葉さんは特別寄与料請求の制度を知っているのかな?」

「もちろんです。先日、特別寄与料請求の制度について話をしておきましたから」

「じゃあ。戻ってきたら記録のチェックから教えてあげてくれ」

「了解です」


――稲葉が調停室から戻ってきた。


「稲葉さん。寺田亜季さんから特別寄与料請求の申立てがされたよ」

「意外と早かったですね」

「じゃあ、記録のチェックから始めようか。初めはどこから見る?」

「管轄です。今回は、調停の申立てだから、相手方の住所地を管轄する家庭裁判所です。亜季さんは、実子の利彦君を除いた相続人全員を相手方にしています。そうすると、相手方の一人の住所地を管轄する家庭裁判所でいいので、開港家裁に管轄があります」

改正法
Q&A

Q 22 特別寄与料請求事件の管轄はどの裁判所になりますか？

A　特別寄与料請求事件の管轄は、請求をする相手方である相続人の住所地を管轄する家庭裁判所又は当事者が合意で定める家庭裁判所（家事法二四五条）です。相手方が複数いる場合は、そのうちの一人の住所地を管轄する家庭裁判所となります。

特別寄与料請求事件の管轄は、寄与分を定める処分の調停事件における管轄（家事法二四五条三項、一九一条二項準用）とは異なりますので、当然に当該遺産分割調停事件が係属している裁判所の管轄に属することにはなりません。つまり、遺産分割調停事件と特別寄与料請求事件の管轄裁判所が同一であるとは限らないことになります。したがって、両事件を同一の裁判所で進行させるのが相当と考えられる場合には、自庁処理や移送を検討することになります。

●特別寄与料請求事件の管轄

本件の特別寄与料請求事件の相手方は、祐人さんらですので、開港家庭裁判所が管轄裁判所になり、遺産分割調停事件とともに開港家庭裁判所に係属することになります。

「そうだね。申立人に申立権があるかな？」

「特別寄与料の申立権者は、相続人以外の被相続人の親族です。亜季さんは、隼人さんの配偶者ですから、三親等以内の姻族です。なので、要件を充たしています」

「次の要件を確認しよう」

「寄与行為があったことですね」

「亜季さんが金銭出資した場合も特別寄与料が認められるのかな？」

「えっと。金銭出資型はだめだと思います。療養看護型が認められたはずです」

「類型でいうと『療養看護型』のほか『家業従事型』も対象になるよね。『無償で療養看護、その他の労務を提供したこと』とある。あと、被相続人の財産の維持又は増加に寄与したこととあるので、労務提供等と財産の増加等との間には因果関係があることも必要だね。特別寄与料と寄与分の双方で、『特別の寄与』という概念が使われるから、その違いを勉強しておく必要があるね」

改正法Q&A

Q23 特別寄与料における「特別の寄与」と寄与分における「特別の寄与」はどのように違うのですか？

Ａ 寄与分（民九〇四条の二）の要件における「特別の寄与」は、一般に、寄与の程度が被相続人と相続人の身分関係に基づいて通常期待される程度の貢献を超えるものであることを意味すると解されています。

これに対し、特別寄与料の請求権者は、相続人ではなく、被相続人に対して民法上の義務を負わない者も含まれていますから、同様の解釈をすることは相当ではありません。特別寄与料における「特別の寄与」とは、その者の貢献に報いるために一定の財産を与えることが実質的公平の理念に適うとともに、被相続人の推定的意思にも合致すると考えられる場合に認められるものです。したがって、特別寄与料における「特別の寄与」とは、実質的公平の理念及び被相続人の推定的意思という制度趣旨に照らし、その者の貢献に報いるのが相当と認められる程度の顕著な貢献があったことであると解されます。

特別寄与料における「特別の寄与」と寄与分の要件における「特別の寄与」は、その意味が異なります。

「特別寄与料の請求には期間制限があるのかな？」

第3章

「権利行使の期間には制限があります。請求者が相続の開始及び相続人を知った時から六か月以内又は相続開始時から一年以内にしなければなりません。これはいずれも除斥期間です。今回は期限内の申立てだから大丈夫ですね」

改正法Q&A

Q24　特別寄与料の請求には、なぜ期間の制限があるのですか？

A　相続人としては、自身が特別寄与料の支払義務を負うか否か、負う場合にはそれがどの程度の金額であるのかを把握した上でないと、遺産分割協議を成立させることに躊躇することが考えられます。遺産分割手続を含めた相続をめぐる紛争を全体として早期に解決するためには、特別寄与者が権利行使をするか否かを早期に明らかにする必要があります。

他方、被相続人の親族である特別寄与者は、通常、被相続人の死亡の事実を比較的早期に知ることができますし、相続の場面においては、民法において短期の権利行使期間が定められていますから、権利行使をするか否かを早期に明らかにするように特別寄与者に求めることにも合理性が認められます（『一問一答』一九二頁参照）。

そこで、権利行使期間は、特別寄与者が相続の開始及び相続人を知った時から六か月以内又は相続開始時から一年以内にしなければならない（民一〇五〇条二項、いずれも除斥期間）としました。したがって、最長で相続開始時から一年となります。

5　特別寄与料調停の併合審理の可否

「よく勉強していたね。最後に、遺産分割事件と特別寄与料の進行はどうしようか」

「寄与分と同じで、遺産分割と併合しなければならないんじゃないですか？」

「本当？ 寄与分は遺産分割の際に考慮しなければならないので、遺産分割事件が係属していることが要件になっているんだ。なので、家事法一九二条に強制的に併合する規定がある。しかし、特別寄与料には併合の規定は存在しないんだよ。ただ、既に事件が係属している場合は、別々に行うか、併合して行うかは、裁判官の判断によるんだ」

●併合に関する視点

特別寄与料の額を定めるに当たっては、相続財産の額を考慮しますが、その他の事情、すなわち、特別の寄与の時期、方法及び程度、相続債務の額、被相続人による遺言の内容、各相続人の遺留分、特別寄与者が生前に受けた利益、その他一切の事情も考慮して、特別寄与料の額を定める（民一〇五〇条三項）ことになります。したがって、相続財産の額を正確に認定できなくとも、特別寄与料請求事件の管轄裁判所においても、相続財産の概要を認定することができますから、併合の当否や、遺産分割事件の管轄裁判所への移送は慎重に検討されるべきでしょう。

他方、遺産分割事件と特別寄与料請求事件のいずれも紛争性が高い場合には、遺産の範囲や評価等を固めながら協議を進める必要があることからすると、特別寄与料請求事件と遺産分割事件を併合し、又は、一人の相続人に対する特別寄与料請求事件と他の相続人に対する特別寄与料請求事件を併合することにより、適切な判断及び事件の円滑な処理が可能になるものと考えられます。

改正法Q&A

Q25　遺産分割事件の後に特別寄与料が請求された場合、併合する必要はありますか？

A　法律上は、遺産分割事件との併合や、他の相続人に対する特別寄与料請求事件との併合審理は求められていません。したがって、家庭裁判所の裁量において併合の当否を判断することになります。

例えば、

1　相続財産の範囲・額に争いがなく、相手方においても申立人による特別の寄与を認めていることがうかがわれるなど、早期に調停が成立すると想定される場合（紛争性が低い場合）
2　特別寄与者の状況に照らし、早期解決が必要である場合
3　特別の寄与がないことが資料の上からも明らかである場合

などには、遺産分割事件と併合することなく、単独で進めることが相当であると考えられます。

――稲葉は、併合するか否か等の事件進行の指示を求めるため、裁判官室に入った。

「事件の進行についての相談ですか？」
「はい。寺田亜季さんから、特別寄与料請求の申立てがありました。今後の進行について、ご相談をしたいと思って来ました」

――稲葉は、遺産分割事件と特別寄与料請求事件の記録を裁判官に差し出した。

「遺産分割事件の方は、遺産の範囲が確定して、次回からは遺産の評価に入りますから、評価が確定したら、特別寄与料の具体的な話合いに入るということでどうでしょうか。今の段階では、併合するかどうかの判断は留保することにします。和田代理人には、評価が確定するまでに、特別寄与料の主張に関連す

る特別の寄与の時期、方法、程度について具体的な主張と裏付け資料を用意するように指示をしておいてください」

●特別寄与料請求の併合の可否

山崎裁判官は、遺産分割事件と特別寄与料請求事件の併合の判断については留保しました。特別寄与料請求事件が早期に解決する見込みがあると判断したのかもしれません。

6 代理人からの遺産分割調停記録閲覧申請

「和田法律事務所ですが、令和二年(家イ)第八〇〇号事件等の遺産分割調停の記録を閲覧できますでしょうか」

「調停事件の閲覧は裁判官の許可が必要です。後ほど、ご連絡します」

——事務員がカウンターを後にすると、森下が書記官室に入ってきた。

「森下さん、寺田亜季さんの特別寄与料請求事件の申立代理人の和田さや子弁護士が遺産分割調停事件の閲覧申請をしたいそうです」

「稲葉さん、閲覧の許否について、早速、裁判官に聞きに行ってくれる?」

❖ ❖ ❖ ❖ ❖ ❖ ❖ ❖ ❖

「特別寄与料の調停は、遺産の評価が固まってから進めることになりますが、遺産の範囲や進捗状況を確認してもらった方がいいので、和田代理人には記録を見てもらいましょう。閲覧申請があれば許可しますよ。その旨和田代理人に連絡を取ってください」

●調停記録の閲覧

家事調停の記録には、家庭内のプライバシーに関する事項や相手方を非難する事項が含まれることがあります。このような記録を原則閲覧可能とすることは、プライバシーを侵害し、当事者の感情的対立を激化させることになり、当事者の自主的かつ円満な紛争解決を阻害することになります。したがって、調停記録を当事者等の請求に基づいて開示するかどうかについては、家庭裁判所が「相当と認める場合」にのみ許可するという裁量が認められています。記録の閲覧、謄写申請を不許可とした場合において、不服申立ての方法はありません。

――裁判官と相談の上、特別寄与料の調停期日は第四回遺産分割調停期日の直後に指定することになった。

稲葉は、早速、和田弁護士に電話をし、期日の調整をした。和田弁護士も当日は予定が空いていたので、同日に特別寄与料の調停も併せて行うことになった。

【参考15】 閲覧謄写申請書

(庁 名) 開港家庭裁判所

原符番号	第　　号	担当部係		部　　係
家事事件記録等閲覧・謄写票		申請区分		閲覧・謄写・複製
申請年月日	令和3年5月○日	申請人	資格	当事者・代理人・利害関係人 その他( )
事件番号	令和2年(家イ)第800号 令和3年(家イ)第10号	申請人	住所又は弁護士会	開港市○○区 ○○町○○
当事者氏名 申立人等	寺田真人	申請人	氏名	寺田亜季代理人 和田さや子 印
当事者氏名 相手方等	寺田祐人　ほか			
閲覧等の目的	審判，調停準備等，その他 ( )	閲覧謄写人氏名		(申請人との関係：)
所要見込時間	時間　分	提出書類		委任状・その他 ( )
次回期日	7月○日			

閲覧等の部分	許否及び特別指定条件		裁判長(官)等印
	許・否		
			担当書記官印

印紙		交付月日	・	・
		閲覧人・謄写人記録等受領印		
		記録係記録等返還確認印		
		複製申請人複製物受領印		
備考				

注意 1 申請人は，太枠内に所要事項を記入し，「印紙」欄に所定額の印紙をちょう用（消印しない。）の上，原符から切り取らないで，この票を係員に提出してください。

2 「申請区分」欄，「申請人」欄の「資格」欄，「閲覧等の目的」欄及び「提出書類」欄は，該当文字を○で囲み，その他に該当する場合には，( ) 内に具体的に記入してください。

3 「閲覧・謄写人氏名」欄は，申請人以外の者に閲覧・謄写をさせる場合に記入してください。

4 事件記録中の録音テープ等の複製を申請する場合には，複製用の録音テープ等をこの票とともに係員に提出してください。

(860760)

第４章　遺産の評価の調整と特別寄与料の検討

～前章まで～

　真人は，信太郎名義の定期預金を解約して引き出した500万円のうち200万円については，信太郎の借金（農業機械の購入費用）の返済に充てたと主張し，振込証書を提出する。他方，50万円についてのみ遺産に戻すことを認めるものの，残りの250万円については，葬儀費用の支払に充てたと主張したことから，祐人は反発する。調停委員会の調整により，祐人らは50万円については葬儀費用に充てたことを認めることとし，一方，真人は200万円について自己使用を認めたことから，真人が手元にある50万円を含む250万円を保管しているとすることで遺産の範囲は確定する。

　亜季は，特別寄与料の調停を申し立てる。

実務論点

◆上場株式の評価
◆固定資産税評価額
◆公示価格
◆路線価
◆農地（畑）の評価
◆鑑定による不動産評価額の確定
◆建物の評価
◆具体的相続分の算定
◆療養看護型及び家業従事型の寄与分の認定
◆療養看護の実態についての確認方法

1　第4回調停期日前――遺産の評価についての確認

「今日のテーマは遺産の評価ですね。畑と自宅の評価なので、合意ができるといいですね」

――杉浦が石原に話しかけた。

「だといいんですけどね。なかなか難しいと思いますよ。今日のテーマは畑の評価ですけど、取得を希望する方は安く見積もる傾向がありますよね。例えば、取得を希望する人は固定資産税評価額を、他方、代償金の取得を希望する人は路線価を主張してきますよね。本件では、キウイ畑の評価合意は簡単にはいかないと思います」

「そうですか。やはりすぐに合意とはいきませんか」

「まずは、双方の言い分を聞いてみましょう」

「そうですね。では、双方を呼んできますね」

――杉浦はそう言って待合室に向かった。

第4回調停期日

1　遺産分割調停と特別寄与料の調停の同日進行

石原「では、調停期日を始めます。書記官から連絡があったと思いますが、寺田亜季さんから特別寄与料の調停申立てがありました。調停委員会としては、双方の事件は関連するものの、当面は別々に進行していきたいと考えています。ただ、別々の日に改めて来ていただくのは、皆さんの負担になりますので、両事件を同じ日に時間をずらして行おうと考えています。

今日は、まず、遺産分割調停を行い、その後に特別寄与料請求事件の調停を行います。

さて、今日のテーマは遺産の評価です。本件遺産のうち、預金については前回調いました。そこで、本日は、不動産などの遺産の評価について話合いを進めることにしましょう」

2　遺産の評価

(1)　株式の評価

石原「株式ですが、上場株式なので、亡くなった時の価額でよろしいでしょうか」

鈴木「我々は結構です」
真人「俺もそれで構わないよ」

実務論点

⓬　上場株式の評価

上場株式（証券取引所によって上場されている会社の株式）や店頭登録銘柄株については、売買値段が公表されており、上場株式の毎日の最終価格（終値）は日刊新聞に、最終価格の月平均価格は各証券取引所の発行する統計月報又は証券新聞に掲載されています。

(2)　不動産の評価①——みかん畑とキウイ畑の評価方法

真人「問題は畑の方だよな」
鈴木「私どもは、固定資産税評価額で評価額を定めたいと考えています」

実務論点

⓭　固定資産税評価額

固定資産税は、毎年一月一日の時点において、土地、家屋及び一定の償却資産を所有する者（一月一日現在で当該市町村の固定資産課税台帳に所有者として登録されている者）に対し、これらの資産の価格を課税標準として市町村において課税するものです。所有者自身の状況、例えば所得や家族構成は関係なく、資産の価値に着目した税金といえます（地方税法三五九条ほか、伊藤裕幸編『法人と個人の不動産の税務』（清文社、二〇〇七）三二二頁参照）。土地の固定資産税評価額は、公示価格の七〇％を目処に設定されているといわれています。

真人「それは安すぎるんじゃない。
　キウイ畑は、不動産業者に見積もってもらったら、かなり高額の査定が出ている。
　また、みかん畑の方だって、キウイ畑と同じくらいの坪単価が出てるんだよ。そもそもキウイ畑は既に買ってくれるという業者がいるんだから、評価自体無意味なんじゃないですか。評価より先に売却するかどうかを決めてくださいよ」

——真人がまくし立てた。

鈴木「真人さんは、先に売却ありきで話を進めたいようですが、しかし、こちらは取得を希望していますし、特別受益や寄与分の問題もありますので、遺産総額を算出する必要があるのではないでしょうか」

石原「ちょっと待ってください。最初に申し上げたとおり、調停委員会は、評価を確定しないまま分割方法の協議を行うことは考えていません」

●遺産の評価に対する主張

　真人さんの「売却するのであるから評価は意味がない」という反論は、調停実務においては、よく主張されるものです。鈴木弁護士は、特別受益や寄与分が認められる場合、みなし相続財産を算出する必要があるので、相続開始時に存在する遺産について評価額を確定しなくてはいけないと主張しています。

石原「評価の基準として、公示価格や路線価、実勢価格等がありますが、本件は農地（畑）ですし評価は難しい点もありそうですが」

実務論点

⑭ 公示価格

公示価格とは、国土交通省の土地鑑定委員会が特定の標準地について毎年一月一日を基準日として公示する価格であり、三月下旬頃の官報に掲載されています。これは、前記委員会が地価公示法に基づき一般の土地取引に指標を提供するとともに、公共事業の用に供する土地の取得価格の算定等、相続税評価及び固定資産税評価の基準とされています。地価公示価格は、国土交通省ウェブサイトの「土地総合情報システム」（http://www.land.mlit.go.jp/webland/）で検索が可能です。

⑮ 路線価

路線（道路に面している標準的な間口、奥行距離を有する直角四辺形の土地）につけられた一㎡当たりの評価額（単位千円）です。財産評価基本通達により、相続税、贈与税等を算出するための基準として、毎年その年の一月一日時点の価格が対象土地の地目ごとに路線価方式（市街地的形態を形成する地域）、倍率方式（市街地以外の地域で固定資産評価額の倍率を乗ずる方式）のいずれかにより算定され、各税務署単位で国税庁から公表されています。国税庁は、例年、七月頃に路線価や評価倍率をホームページ上に公開しています。

財産評価基本通達は、相続税・贈与税などを賦課するための財産評価の方法に関する全国共通の画一的で合理的な基準であり、課税上の公平感を保つという点で優れていますので、調停実務においては、当事者の納得を得やすく、市街地的地域については路線価を参考として評価合意を得ることが多いです。また、路線価は毎年評価替えされているので地価変動をより詳細に反映しているということができます。路線価は、公示価格の八〇％を目処に設定されています。

⑯ 農地（畑）の評価

土地は、その種別として、宅地、農地、林地等に分類されますが、そのうちの農地は、農地地域にある土地として、田（農耕地で用水を利用して耕作する土地）と畑（農耕地で用水を利用しないで耕作する土地）に区別されます。

　農地の相続税における評価方法ですが、評価上の区分において、純農地、中間農地、市街地周辺農地、市街地農地に分類され、それぞれ倍率方式、宅地比準方式などにより評価されます。

　他方、農地の評価に争いがある場合には、農地地域における地域要因を考慮して評価額が定まると思われます。農地地域における地域要因の主なものとして、次のものが挙げられます（津村孝『詳解 不動産鑑定評価の教科書』（プログレス、二〇一五）85頁）。

1　日照、温度、湿度、風雨等の気象の状態
2　起伏、高低等の地勢の状態
3　土壌及び土層の状態
4　水利及び水質の状態
5　洪水、地すべり等の災害の発生の危険性
6　道路等の整備の状態
7　集落との位置関係
8　集荷地又は産地市場との位置関係
9　消費地との距離及び輸送施設の状態
10　行政上の助成及び規制の程度

　これらの地域要因は、地域の特性を形成し、その地域の不動産の価格の形成に全般的な影響を与えることになりますので、評価に当たっては、地域要因を検討することが必要になります。

鈴木「合意ができないとなると、鑑定になりますか」

実務論点

17 鑑定による不動産評価額の確定

実務においては、調停委員会は、当事者に対し固定資産税評価額、相続税評価額、地価公示価格、地価調査標準価格等の情報を集めるよう指示し、当事者が合意することの可能な額につき検討を促しています。しかし、不動産の評価について争いがあり、当事者間に合意が成立しない場合には、不動産鑑定の専門家である不動産鑑定士を鑑定人に選任して、評価を行うことになります（家事法六四条一項、民訴法二一二条以下）。鑑定人は、良心に従って、誠実に鑑定する旨の宣誓を行っており、虚偽鑑定罪の制裁を背景として、利害関係がなく、高い公平性が認められています。

鑑定人は、「公共事業に係る不動産鑑定報酬基準」などの「基本鑑定報酬額」を参考として鑑定評価報酬を見積もっています。鑑定対象物件の種類は、宅地、宅地見込地、農地（林地、原野等）、宅地の借地権、底地、区分地上権、自用の建物、建物の区分所有権に区分されており、評価額に応じ、基本鑑定報酬額が定まっています。

そして、鑑定を行う場合は、当事者等が鑑定費用の概算額をあらかじめ裁判所に納めなければなりません（民訴費一一条一項、一二条一項、一八条）。

石原「そうですね。鑑定を行うと費用はかかりますが、その方が公正な評価が出ると思います」

真人「やはりお金がかかるんでしょ？　なんか無駄な気がするんだけど」

――真人が不満そうに言った。

石原「調停委員会で鑑定の要否についての評議を行います。少しお待ちください」

(3)　評　議――合意か鑑定か

山崎「当事者間で鑑定するか、合意をするかで意見が対立しているということですね」

石原「真人さんとしては、換価分割を考えているので、評価は不要、ましてや鑑定は無駄という主張です。合意は無理そうです」

杉浦「やはり鑑定になりますか」

山崎「自宅の土地建物についても、鑑定を行うことを希望しているんですか」

杉浦「あのう、実は自宅については、話題になっていません。もっぱら畑の評価で対立しています」

山崎「では、自宅について合意できるかどうか確認してみましょう。畑については、評価が困難であれば、鑑定をすることになると思います。私から聞いてみましょう。当事者双方に入っていただきましょう」

――石原と杉浦は、それぞれの待合室に向かった。

山崎は、その間、稲葉に対し、鑑定を行う旨と当事者が鑑定結果に従うと発言した場合にはその旨を調書に記載すること、鑑定費用の予納者が決まったら、その者と負担割合も調書に記載するよう指示をした。

(4)　不動産の評価②――自宅の評価方法

山崎「ただいま、土地の評価の関係で調停委員会で評議をいたしました。畑についての調整が難しいようですね。ところで、皆さんに尋ねたいことがありますが、現在、愛子さんがお住まいの自宅については、どのように評価しましょうか」

――山崎が入室した当事者に質問をしたところ、双方が顔を見合わせた。

鈴木「すみません。畑ばかりに目がいってしまって……。ただ、真人さんの意見もあるとは思いますが、当方としましては、自宅なので、敷地は路線価、建物は固定資産評価額をベースとすることでよいかと思います」

実務論点

18　建物の評価

実務においては、建物価格は固定資産税評価額が利用されることが多いです。建物価格は、土地価格と比較して価格が安く、不動産価格のうちに占める建物価格の割合は、低い場合が多いからです。

自用建物（建物所有者とその敷地の所有者とが同一人であり、その所有者による使用収益を制約する権利が付着していない場合の建物）における当該建物の評価は、固定資産税評価額×一・〇倍とされています。建物につき、鑑定を行う場合は、建物は土地と異なり、再生産可能な償却資産ですから、再調達原価（現在築造したらいくらかかるかという建築費）を求め、経年減価（経年劣化による減価）、観察減価（経年減価では減価しきれない物理的損傷、機能的陳腐化など）を行う原価法によって評価することが一般的です。

山崎「真人さんはいかがですか」

真人「俺も仕事柄、土地の売買を扱うことがあるけど、この近辺は、ほぼ路線価に近い価額で取引されているので、路線価で構いません。建物についても固定資産税評価額をベースとすることに合意します」

(5)　不動産の評価③──みかん畑とキウイ畑の鑑定

真人「ところで、畑の方はどうなるの？　両方とも鑑定をすることになるの？」

山崎「畑の方は、皆さんの意見が違うので、調停委員会としては、鑑定を行うことで確定するしかないと考えています」

鈴木「鑑定は、みかん畑とキウイ畑について行うことで構いません。費用の負担はどうしましょうか。全員が法定相続分で負担することを基本とするということでいかがでしょうか」

──利彦は頷いた。

真人「俺も法定相続分は出すよ」

山崎「皆さんそれでよければ、鑑定費用は、法定相続分で負担するものとし、各自が裁判所に予納をするということで、よろしいですね。次に、鑑定が出た場合、それを基にして調停を進めるということでよろしいですか」

鈴木「鑑定結果を見てからでないと無条件に従うとは言えませんが、せっかく鑑定を行うのですから、鑑定結果を尊重します」

真人「それは、俺も同じです」

──利彦も頷いた。

山崎「ありがとうございます。調書に『鑑定結果を尊重する』と記載しますね。あと、鑑定の時点ですが、特別受益、寄与分の主張があるので、原則として、二時点で行う必要があります。よろしいですね」

●二時点評価

山崎裁判官は鑑定の時点につき、特別受益者がいる場合及び寄与相続人がいる場合には「相続開始時」と調停成立時又は審判時に接着した「遺産分割時」の二時点の評価が必要となると説明しています。具体的には、遺産分割時に存在する相続財産については、「相続開始時」と「遺産分割時」の二時点につき評価を行うことになり、更に、特別受益物件については、「相続開始時」の評価を行う必要があることになります。その理由は次の解説を参考にしてください。

実務論点

⑲　具体的相続分の算定

具体的相続分を確定するためには、相続開始時に被相続人が有していた財産を、相続開始時点の評価で数量化し、それを合算することになります。そして、特別受益がある場合は、相続開始時に現存する相続財産に相続人が受けた贈与の額を加算して「みなし相続財産」とします（民九〇三条一項）。また、寄与分がある場合には、相続開始時に現存する相続財産の額から寄与分を控除することによって「みなし相続財産」を算定する（民九〇四条の二）ことになります。すなわち、特別受益者がいる場合には、みなし相続財産に各自の法定相続分ないし指定相続分を乗じて一応の相続分を算出し、その上で、特別受益者については、そこから遺贈又は贈与の価額を控除してその者の具体的相続分が算出されます。

他方、寄与相続人がいる場合には、みなし相続財産に各相続人の相続分を乗じて一応の相続分を算出し、その上で、寄与相続人については、この相続分に寄与分を加えた額をもってその者の具体的相続分とすることになります。

次に、各相続人の現実的な取得分を算出するためには、算出された相続開始時におけるそれぞれ具体的相続分を基に、各相続人の具体的相続分率（具体的相続分の総額に対して各相続人の具体的相続分が占める割合、すなわち、具体的相続分額の合計を分母とし、各相続人の具体的相続分額を分子とした割合）を求め、これに遺産分割時の遺産評価額を乗じることによって各相続人の現実的取得分が算出されることになります。

このように、具体的相続分を算定するためには、みなし相続財産の額を決める必要があり、そのためには、「相続開始時」の評価が必要です。そして、各相続人の現実的取得分を算出するに当たっては遺産分割時における遺産評価額が必要となるのです。

鈴木「相続開始時から一年ほどですし、相続時の一時点でよいかと思います。鑑定費用もその分節約できますし、全員にメリットがあると思います」

山崎「真人さんはいかがでしょうか」

真人「不動産価額はここ何年も横ばいですから、皆がよければ一時点で構いませんよ」

山崎「はい。調書に残しますね」

●一時点評価

実務においては、「相続開始時」と「遺産分割時」が近接している事案においては、いずれかの一時点をもって評価額とする旨の合意が成立することがあります。

山崎裁判官が鑑定の時点について「原則として」と話したのは、この点を意識した発言です。

(6) 合意事項の確認と調停の終了

山崎「では、次回までには鑑定結果が出ると思いますので、次回は分割方法の検討に入ります。特別受益、寄与分の具体的主張を次回期日までにご準備ください。提出は、次回期日の一週間前までにお願いします」

——全員が頷いた。

山崎「では、これで遺産分割調停期日は終了します。引き続き、特別寄与料の調停期日を行いますので、利彦さん以外の方は残っていてください。利彦さん、お疲れさまでした」

——利彦は退室した。

【参考16】 中間合意調書の例（遺産の評価）

当事者全員
1　別紙物件目録記載の遺産（以下「本件各農地」という。）の評価について，次のとおり合意する。
(1)　本件各農地の評価について，不動産鑑定士による鑑定を行う。
(2)　鑑定の時点は，相続開始時とする。
(3)　本件各農地の評価額については，(1)の鑑定結果を尊重する。
(4)　鑑定費用は，各当事者が，法定相続分の割合に応じてそれぞれ負担する。
2　下記の各遺産の評価が、次のとおりであることを合意する。

記

(1)　かいこう銀行鶴岡駅前支店
　　普通預金　口座番号（１１１１１１１）
　　　５，５００，０００円（令和３年６月30日現在額）
(2)　かいこう銀行鶴岡駅前支店
　　定期預金　口座番号（２２２２２２２）
　　　３，０００，０００円（令和３年６月30日現在額）
(3)　霧笛信用金庫米田支店
　　スーパー定期　口座番号（３３３３３３３）
　　　３，５００，０００円（令和３年６月30日現在額）
(4)　株式
　　ア　株式会社港町鉄道　100株　500万円
　　イ　波止場電気株式会社　100株　200万円
(5)　預り金
　　ア　申立人真人保管分　250万円
　　イ　相手方愛子保管分　200万円

以上

（別紙）

物 件 目 録

1　所　在　開港市中央区千広三丁目
　地　番　１番４
　地　目　畑
　地　積　３，５１５平方メートル

2　所　在　開港市中央区千広三丁目
　地　番　１番５
　地　目　畑
　地　積　１，７００平方メートル

3　所　在　開港市中央区米田一丁目
　地　番　２番７
　地　目　畑
　地　積　３，８６５平方メートル

以　上

特別寄与料第1回調停期日

1　当事者の確認

山崎「それでは、特別寄与料請求調停の第一回期日を行います。当事者を確認します。申立人は、亜季さん、その代理人の和田さや子弁護士ですね。相手方は、愛子さん、真人さん、祐人さんとなります」

――山崎に紹介され、和田弁護士は頭を軽く下げた。

2　特別寄与料の審理

山崎「特別寄与料の審理は、遺産の評価が確定してからが相当であるというのが調停委員会の方針です。和田代理人もよろしいですか」

和田「はい。評価が確定しないことには具体的な請求額が算出できないので、それで結構です」

真人「すみません。相続人でない亜季さんになんでいくらか払わなくっちゃいけないんですか」

——真人は不満気に言った。

和田「特別寄与料は、亜季さんのような人にこそ認められた制度です。もっとも、寄与行為がなければ、特別寄与料の請求はできません。寄与行為により財産が維持増加されたという因果関係等をこちらから書類を提出して証明する予定ですから、それを読んでから認めるかどうかを検討していただけますか？」

3 合意事項の確認と調停の終了

山崎「それでは、次回までに、和田代理人は、寄与行為についての主張整理表を提出してください。様式は、書記官からもらってください」

和田「分かりました。事前に裁判所と皆さんにお送りいたします」

山崎「では、これで第一回調停期日を終わります」

② 書記官室——鑑定の実施

「今日の期日の期日調書ができましたので、決裁お願いします」

——稲葉は、山崎裁判官の机の上に決裁記録を置いた。

「はい」

「ところで不動産鑑定をお願いする鑑定士はどなたがよいのでしょうか？」

「そうですね。今回は畑の鑑定になるので、農地鑑定に実績のある藤村有哉鑑定士がよいと思います。

問題は藤村鑑定士のスケジュールが空いているかですね」

「分かりました。早速連絡してみます」

――稲葉は、書記官室に戻り、藤村鑑定士の事務所に電話したが、不在だったので、折り返し、連絡をくれるように頼んだ。

「藤村鑑定士は、前にお願いしたことがあるけど、的確な鑑定結果を出すので、当事者も納得していましたよね。後は藤村さんがＯＫしてくれるかどうかだね」

――森下はそう言いながら、鑑定を実施する際の留意事項として書き留めたメモを稲葉に示した。

●鑑定を実施する際の留意事項

本件において、森下書記官が指摘した留意事項は、次のとおりです。
一　当事者が提出した不動産関係の資料をコピーして鑑定士に渡す分を用意すること
二　鑑定士に伝えることは、①双方の連絡先、②鈴木弁護士と祐人さん、真人さんが鑑定に立ち会いたいこと、③実施日については鑑定士から連絡を取ってもらうこと、④鑑定に必要な資料は鈴木弁護士が提出してくれること
森下書記官は綿密に検討していますね。

――翌日の朝、藤村から依頼を受ける旨の連絡が入った。

「来週、家庭裁判所に行きますので、その時に詳しくお伺いします。見積書はそれからになります」

「では、書類をご用意してお待ちしています」

——稲葉は、山崎に報告した。

「藤村鑑定士が受諾してくれたので、これで評価は進みます。期日間に鈴木弁護士から寄与分と特別受益の主張が、そして、和田弁護士から特別寄与料の主張がそれぞれ提出される予定ですから、提出されたら記録を上げてください」

「僕の方でも提出期限の管理に気をつけます。提出期限の管理は、書記官の進行管理業務の基本だと森下さんにも言われていますから」

——数日後、藤村からの見積書が提出された。

「相続人の相続分に応じてそれぞれの予納額を計算して、鑑定費用を予納させてください。保管金提出書と振込用紙を双方に送付してください」

——森下が稲葉に対し鑑定費用の予納方法を指示した。

「予納金が納付されたら、藤村鑑定士に正式に鑑定依頼をします」

——稲葉は、早速、鑑定を採用する旨の決定書を作成し、全員に納付に必要な書類一式を送付した。ほどなくして、全員から鑑定費用が裁判所の口座に振り込まれた。稲葉は、鑑定書提出期限を○年○月○日として、鑑定依頼書を作成し、宣誓書と事務連絡を合わせて、送付書類一式を作成した。

【参考17】　鑑定採用決定書

決　定

申立人　寺　田　真　人
相手方　寺　田　祐　人ほか

上記当事者間の当庁令和２年（家イ）第800号，同３年（家イ）第10号遺産分割申立事件につき，当裁判所は当事者双方による鑑定申立てを採用し，次のとおり決定する。

主　文

1　本件鑑定人として，
　事務所所在地　　開港市○○区○○町○○番地○
　不動産鑑定士　　藤　村　有　哉
を指定する。
2　上記鑑定人に対し，下記記載の鑑定事項につき鑑定をし，その結果を令和○年○月○日までに書面をもって報告することを命ずる。
3　上記鑑定人の宣誓は，書面宣誓の方法によって行う。

記

（鑑定事項）
別紙不動産目録記載の各土地について相続開始時の評価額

令和３年７月○日
開港家庭裁判所
裁判官　山　崎　　彩

「森下さん、藤村鑑定士に送る書類を作りましたので、チェックをお願いします」

——森下は、手渡された書類と記録を照合して、チェックを終えた。

「鑑定書の副本は、どうやって双方に渡すことになっているのかな」

「この前の藤村鑑定士との打合せでは、当事者の希望通り鑑定士から双方に直接送ってくれるそうです」

「では、鑑定が終われば、評価額は全て決まるのかな?」

「株式の価額については、期日間に資料が提出されることになっています。それで評価額が全て確定します」

——森下は稲葉の返事を聞いて、その成長をうれしく感じた。

◇3◇ 鈴木法律事務所——特別受益、寄与分の検討

「裁判所に提出する特別受益と寄与分の主張をもう一度整理しようか」

——鈴木は、事務所の中央にあるミーティングテーブルに座っている愛子と祐人を前にして切り出した。

(1) 療養看護型の寄与分の検討

「信太郎さんの世話は、誰がしていたのかな。愛子さんは同居していたし、祐人も近くに住んでいたん

だから、いろいろと世話をしていたんじゃないの？」

「もちろん僕も世話をしていたよ。週末とかには、自宅に顔を出したりしていたしね。お袋だって。親父が夜中につらそうだったときは、水をあげたり、背中をさすったりしていたんだから」

「愛子さんが夜中に起きて世話をしたのはどのくらいの頻度だったんですか」

「週に一回くらいだったかしら。亜季さんに電話して来てもらったり世話をしてもらったこともあったし、症状が悪いときは、救急車を呼んだこともあったわね」

「信太郎さんの面倒をみていたのは、主に亜季さんっていうことですね」

「正直に言うと、亜季さんに任せっきりで甘えていたのは事実だよな。僕は、農業で忙しかったから、あまり世話はできなかった。お袋も年で無理がきかないし。亜季さんには、本当に頭が下がるよ。だから親父もああいう遺言書を書いたんだと思う」

「そうか。今の話を聞くと、愛子さんと祐人につき療養看護型の寄与分の主張をするのは、難しいな」

●療養看護型の寄与分

本件において、鈴木弁護士が「療養看護型の寄与分の主張をするのは、難しいな」と発言したのは、愛子さんと祐人さんにつき被相続人の世話をしていることは伺えるものの、世話の内容は、被相続人との身分関係に基づいて通常期待される程度を超える貢献とは認め難いと判断したからです。

実務論点

20 療養看護型の寄与分の認定

療養看護型とは、相続人が、無報酬又はこれに近い状態で、病気療養中の被相続人の療養看護に従事したという場合です。被相続人が自らの費用で看護人を雇わなければならなかったはずのところを、相続人が療養看護したために、被相続人が看護人の費用の支出を免れたことで、相続財産が維持又は増加した場合に限られます。被相続人には疾病が存在していることが前提となります。

寄与分が認められるためには、被相続人との身分関係に基づいて通常期待される程度を超える「特別の寄与」であることが必要ですが、「特別の寄与」が認められるための具体的要件としては、①療養看護の必要性、②特別の貢献、③無償性、④継続性、⑤専従性が挙げられます。なお、療養看護行為が「特別な寄与」に該当するか否かは、単に「相続人がどのような看護を行ったか」ということで判断されるのではなく、「被相続人がどのような病状にあり、どのような療養看護行為を行ったか」という点が重要なポイントです。

寄与分が認められるための目安としては、介護保険における要介護度が被相続人の当時の病状を知る上で貴重な資料の一つといえます。通常、介護保険における「要介護度1」程度の身体状況（食事、排泄、着替えは何とか自分でできるが、日常生活能力や理解力が一部低下し、部分的な介護が必要となる状態）であれば、特別な寄与に相当するほどの介護は不要と思われるので、寄与分が認められるためには、被相続人が「要介護度2」以上の状態にあることが一つの目安になるものと考えられます（「要支援・要介護度別の身体状況」については『遺産分割・遺留分の実務』三五五頁を参照）。

(2) 家業従事型の寄与分の検討

「次に、祐人が農業を手伝った点はどうなんだ？」

第4章

「僕は、高校を卒業してから、二〇年ほど鉄道会社に勤めていたけど、家に帰ってからも手伝ったし、休日はずっと農業をしていた」

「でも給料というかお金をもらっていたんじゃないの？」

「正式に給料と言えるものは、もらっていなかったよ。多少もらっていたものは食費に充てていた」

「真人さんは、手伝いはしなかったのかい」

「兄貴は、大学の休みの時にちょっと手伝ったくらいだよ。就職してからは、正月くらいしか戻ってこなかったし」

「お父さんは、農業をずっとやっていたけど、最後の一〇年くらいは、ほとんど祐人に任せっきりだった」

「僕は、新しい品種を作ったりして、親父に貢献したつもりだけどね」

「確かに甘クイーンは美味しいね。よく食べるよ。甘クイーンは祐人が手がけたのか」

「そうだよ。苦労したよ」

「よし。分かった。祐人の家業従事型の寄与分はしっかり主張していこう。取り急ぎ、寄与分の申立書、準備書面を作成して、裁判所に提出しておこう。併せて、裁判所からもらった寄与分の主張整理表も記入しておくので、後で送るから、見ておいてくれ」

●代理人の聴取
鈴木弁護士は、祐人さんが甘クイーンを手がけたことなどの話を聞き、寄与分の要件を充たしていると判断したようです。

実務論点

21 家業従事型の寄与分の認定

家業従事型の寄与分は、被相続人の事業に関し労務を提供（民九〇四条の二第一項）する場合です。家業である農業、林業、漁業のほか、各種の製造業、加工業、小売業、医師、公認会計士、税理士等に従事することによって寄与が認められる場合です。

特別の寄与となる具体的要件としては、①特別の貢献、②無償性、③継続性、④専従性が挙げられます。

家業従事型においては、労務の提供が一定以上の期間に及んでいること、労務内容が片手間なものではなく、かなりの負担を要するものであることを要します。

――これで、引き続き農業を続けられる脈ができたかもしれない。鈴木の話を聞いて、祐人に希望が湧いてきた。

(3) 孫の入学祝としての特別受益

「では、次に特別受益について検討をしようか。相続人の中に、『生計の資本』としての生前贈与を受けた人はいるかな?」

「確か、真人は遥香ちゃんの大学の入学金をお父さんからもらったことがあったね。ここら辺では、開港薬科大学は名門でしょ。しかも薬学部だから、お父さんもすごく喜んでいたのよ。でも、お金をどうするのかなとお父さんと相談してたのよ、そうしたら、正月過ぎに真人から連絡があったからよく覚えているわ」

「僕も親父から聞いたよ。何でも兄貴の娘の遥香ちゃんが開港薬科大学の薬学部に入学できたといって、無心に来ていたよ。親父は五〇〇万円をお祝いとしてあげたと言っていたなぁ」

「昔の通帳を探せば、渡した金額は分かるはずよ」

「それでは、愛子さん。お手数ですが、通帳を探しておいてもらえますか。通帳があれば、金額もはっきりするので、主張しやすいです。祐人や隼人さんのお子さんには、援助はなかったの？」

「うちの陸と玲於は、まだ小さかったし、妻に引き取られているから、特に援助は受けていないよ。隼人が亡くなった頃は、親父は病気がちだったから、隼人のところも、何ももらっていないはずだ」

「お父さんとしては、孫には平等に援助してあげたいって言っていたけどね」

「分かった。では、特別受益については、真人さんに対して娘さんの入学金の援助として五〇〇万円の贈与があると主張しておこう」

●入学金と特別受益

親が子の高校卒業後の教育の学費を支出した場合は、私立の医科大学の入学金のように特別に多額なものではない限り、子の資質・能力に応じた親の子に対する扶養義務の履行に基づく支出と考えられます。したがって、特別受益にはならないと解されます。ところで、本件は祖父が孫の入学金等を援助した場合ですが、孫の入学金という名目であるものの金員を受け取ったのが真人さんであることからすると、実務的には真人さんに対する贈与であると考えられます。

その上で、鈴木弁護士は、本件が薬科大学の入学金の援助であり、その額も五〇〇万円と多額なことを考え、特別受益に当たると判断したようです。

(4) 亜季への特別寄与料の検討

「次に、亜季さんからの特別寄与料請求については、どうしよう」

「私は、亜季さんにも遺産を分けたいと思っているのよ。お父さんは、生前、亜季さんには申し訳ないって言っていたし、遺言書まで書いていたんだから」

「どのくらいの寄与料が相当かは僕たちにはよく分からないけど、親父の気持ちを汲んで、亜季さんには、寄与料名目でお金を渡したいと思っている」

「私もそれがお父さんの遺志だと思うわ」

「では、特別寄与料については、相当分を認めるとしておこう」

「よろしく頼むよ。何とか農業を続けられるように力を貸してくれ」

「ああ。主張を尽くすよ。土地の評価額が出れば、具体的な金額が算出できるから、次々回くらいを目処に分割方法がはっきりするはずだ。それと藤村鑑定士が土地を見たいと連絡がきている。来るよな」

「もちろんだよ。その時間にみかん畑の前で待っているよ」

④ 和田法律事務所——特別寄与料の請求の検討

「今回、私の方で申立書を提出しましたけど、亜季さんの主張整理表を裁判所に提出しなければならないので、今までのいきさつをもう一度聞いてもいいですか?」

——和田弁護士は、事務所を訪れた亜季に向かって声をかけた。

「私は、先に死亡した隼人の妻として当然のことと思ってお義父さんのお世話をしてきました。看護師として働いていたし、お義父さんのお世話は、誰かがしなければいけなくて、それがたまたま私だっただけなんです。今でも特別なことをしたとは、思っていないんです」

「それなのに、特別寄与料の請求をすることとしたのはなぜですか？」

「お義母さんや祐人さんから請求してほしいって言われたんです……。特別寄与料なんておこがましいと思っていました。それでも、お義父さんの遺言書が見つかって、無効と聞きましたが、お義父さんの遺志ははっきりしたので、できるだけ遺言書のとおりに分けられたらと思うようになったんです。遺言書のとおり分けるなら、私が特別寄与料を請求しないと、だめなんだってということに気が付いたんです。それで先生にお願いしたんです」

「じゃあ、請求する特別寄与料の額はどうしますか？」

「はい。それは相当だと思う額で十分です」

「分かりました。では、その旨を書面にまとめて裁判所に提出しましょう。それと、具体的にどのような寄与行為をしたかということと寄与行為により信太郎さんの財産が増加、維持されたかどうかが重要なポイントになってきます。それについては、何か証明するものはありますか？」

「証明できるかどうかは分からないですけど、職業柄ずっと、その日その日のお義父さんの状況などを日誌に記載しています」

「それを見れば、どのような寄与行為をしたか分かりそうですね。後でお借りしますね。大体で結構ですから、どのくらいの頻度で、信太郎さん宅を訪れ、何をされましたか？」

「夫の隼人が亡くなる前は、朝から夕方まで通ってました。時々、お義母さんから連絡が入ったときは、夜でも行っていました。夫が亡くなってからは、私も働かなくちゃいけないので、お義父さんのところに行けるのは、朝からお昼くらいまでになりましたが、毎日通って、食事の支度、洗濯、掃除、バイタルチェック、服薬管理など、身の回りの世話をしていました」

「では、日誌を拝見させていただいて、実際の寄与行為をまとめて、裁判所からもらった特別寄与料の主張整理表に記載します」

●特別寄与料が認められる寄与行為

特別寄与料の対象となる寄与行為の態様は、「労務の提供」に限定され、被相続人に対する財産上の給付は対象とはなりません。したがって、特別寄与料の対象となる寄与行為の類型は、療養看護型及び家業従事型となります。財産管理型の寄与も、労務提供と評価されるのであれば、射程に入ることになりますが、金銭出資型は除外されましょう。

本件では、亜季さんの被相続人に対する療養看護型による特別の寄与が検討されています。

実務論点

22 療養看護の実態についての確認方法

療養看護の寄与行為は、家庭内のいわば閉ざされた空間の中で行われることが多いので、療養看護の実態を知る者は限られており、事実関係について客観的な陳述を得ることは決して容易ではありません。被相続人の心身の状況に関しては、診断書、カルテ、要介護認定資料、介護サービス利用票、介護日誌などの客観的な資料があれば確認が容易です。そして、その看護をどのように担ったかについては、実際に果たしたと思われる看護行為の具体的内容を明らかにすることになります。

本件では、亜季さんは、看護師としての経験から日誌を記していたようですから、どのような寄与行為をしたかが分かりそうです。

「お子さんの利彦さんに対しては、請求しませんので、法定相続分六分の五が基準になりますが、よろしいんですか？」

「はい。息子に対しては請求しませんから。それでよろしくお願いします」

「分かりました」

——亜季の方針が決まった。

5　書記官室——寄与分、特別寄与料の主張の整理——

「鈴木弁護士から祐人さんの寄与分の申立てが提出されましたか。裁判官から指示があったので、記録ができたらすぐに引き継いでください」

——受付係から連絡を受けた川人は稲葉の方を向いた。

「受付係は、午後一番で記録を引き継いでくれるそうです。『寄与分を定める処分（申立）調停事件の申立て』です。申立人は祐人さんです」

「祐人さんが申立人だと相手方が誰になるか分かるよね」

「えーっと。真人さんと祐人さんが対立しているから、真人さんですよね」

「違うよ。寄与分の申立ての相手方は、申立人以外の相続人全員が相手方になる。当事者の表示は調書や審判書の表示につながるから、整理しておこう」

「当事者の表示について整理しておきます」

「それと亜季さんの特別寄与料の主張などについても書面が届いているんじゃないかな」

「ええ。和田弁護士からは特別寄与料に関する主張整理表が提出されています。また、株式の評価に関して、被相続人が亡くなった日の日刊紙の写しも提出されました。さらに、鈴木弁護士からは寄与分の主張整理表を作成している最中という連絡が入ってます」

──最近、自分でも先を見越した仕事ができるようになってきたな。稲葉は家事調停の書記官事務にやりがいを感じ始めてきていた。これで次の期日に向けてほぼ準備が整った。

【参考18】 寄与分を定める処分調停申立書

この申立書の写しは，法律の定めるところにより，申立ての内容を知らせるため，相手方に送付されます。

この申立書とともに相手方人数分のコピーを提出してください。

受付印	寄与分を定める処分　☑ 調停　□ 審判　申立書
	（この欄に申立人ごとに収入印紙1，200円分を貼ってください。） ＜貼った印紙に押印しないでください。＞
収入印紙　円	
予納郵便切手　円	

開港家庭裁判所　御中 令和 3 年 8 月 2 日	申立人 （法定代理人など） の記名押印	寺田祐人手続代理人弁護士 鈴木知広 ㊞	

添付書類	（審理のために必要な場合は，追加書類の提出をお願いすることがあります。） □ 戸籍（除籍・改製原戸籍）謄本（全部事項証明書）合計　通 □ 住民票又は戸籍附票　合計　通

準口頭

当事者		別紙当事者目録記載のとおり	
被相続人	最後の住所	○○ 都道府(県) 開港市中央区鶴岡一丁目11番３号	
	フリガナ	テラ　ダ　シン タ ロウ	大正 昭和 平成 (令和)　2 年 6 月 27 日 死亡
	氏名	寺田　信太郎	

申立人	住所	〒 ○○○－○○○ ○○県開港市中央区今道三丁目８番２号 （　　方）	
	フリガナ	テラ　ダ　ユウ　ト	大正 (昭和) 平成 令和　45 年 5 月 1 日生
	氏名	寺田　祐人	
	被相続人との続柄	二男	

（注）太枠の中だけ記入してください。
□の部分は該当するものにチェックしてください。

（注）当事者目録は省略

寄与分（1／2）

この申立書の写しは，法律の定めるところにより，申立ての内容を知らせるため，相手方に送付されます。

この申立書とともに相手方人数分のコピーを提出してください。

申　立　て　の　趣　旨
申立人の寄与分を定める調停を求める。

申　立　て　の　理　由
1　申立人は，被相続人寺田信太郎（令和２年６月27日死亡）の二男であり，相手方寺田愛子は，被相続人の配偶者，同寺田真人は，被相続人の長男，同寺田利彦は，被相続人の三男の代襲相続人です。被相続人は，農業を経営していました。
2　申立人は，平成元年３月に高校を卒業すると同時に，会社に勤めはじめましたが，その傍ら，被相続人の希望もあり，被相続人の経営する農場を無給で手伝うようになりました。
当初，会社終業後や休日に手伝っていましたが，平成20年３月，会社を退職し，農業に専従しました。農業に従事している間，当初はみかんだけを栽培していましたが，キウイの栽培も始めました。また地元の大学と協力し，これらの品種改良も行いました。
3　その結果，農場の売上げも大きく伸びました。
4　そこで，申立人は，相手方らに対し，被相続人の遺産分割調停の際，前記労務の提供による被相続人の財産の増加，維持に対する申立人の寄与を主張しましたが，相手方真人はこれに応じないため，本申立てをします。
以　上

寄与分（2／2）

【参考19】　準備書面（家業従事型寄与分）

令和３年(家イ)第600号　寄与分を定める処分調停申立事件
申立人　寺田　祐人
相手方　寺田　愛子，寺田　真人，寺田　利彦
被相続人　寺田　信太郎

準　備　書　面

令和３年８月○日
開港家庭裁判所遺産分割係　御中
申立人寺田祐人手続代理人弁護士　鈴木知広

申立人寺田祐人は，次のとおり被相続人の遺産の維持又は増加について通常期待される家族の協力・扶助を超えた特別の貢献をしていることから，寄与分が認められてしかるべきと考える。

1　寺田祐人の被相続人に対する家業従事

(1)　特別の貢献（祐人が家業従事を余儀なくされた理由），継続性，専従性，無償性について

被相続人方は，みかん農家であり，被相続人は，当初は妻である愛子と二人で，約80アールほどのみかん畑でみかん栽培を行い，繁忙期には家族総出で作業し，特に収穫時期には切り子さんと呼ばれる従業員数人を雇い入れて経営してきた。祐人も小学生の頃から，春から夏にかけての摘蕾，摘花，摘果作業を手伝い，冬の収穫時期には収穫作業を当然のことのように手伝ってきた。

祐人は，二男であるため，いずれは長男である寺田真人が被相続人のみかん農家を継ぐものと思っていたところ，真人は収入が安定しない農業を嫌い，大学の工学部に進学し，大学卒業後はさっさと建築メーカーに就職してしまった。そのため，当時高校生であった祐人は，被相続人から農家を継ぐように依頼された。しかし，祐人は，小さい頃から鉄道の仕事をしたかったため，被相続人に曖昧な返事をし，高校卒業後は，○○鉄道株式会社に就職し，会社員として勤務した。被相続人も，当時はまだ若かったことや赤字続きの農業を祐人に強いるこ

ともできなかったことから，祐人の就職を認めてくれた。

しかし，約80アールのみかん畑を被相続人と愛子だけで耕作することは困難であるため，祐人は，就職後も，出勤前に作業を手伝ったり，土日の休日には朝から晩まで，作業を手伝ったりしてきた。みかんは，勝手に実るわけではなく，春・夏・秋の追肥，整枝・せん定，受粉，甘いみかんを生産するための摘蕾・摘花・摘果作業，散水，除草，雨を通さないマルチシート敷設等が欠かせず，特に９月から12月にかけては，極早生，早生，中生等次々に収穫時期を迎え，想像を絶するほど繁忙であり，とにかく一年中手間がかかるものである。

平成20年頃から，被相続人は，高齢となって農作業ができなくなったため，祐人は，思い切って平成20年３月に，○○鉄道株式会社を退職し，家業を継いで農業に従事することを決意した。以後は，祐人が時々短期間のパート従業員を雇いながらみかん栽培に従事してきた。また，祐人が切り盛りするようになってからは，より糖度の高く安心・安全なみかんを栽培するために，手間がかかる有機栽培を取り入れたり，地元の農業大学と共同して新しい農法を取り入れたりした。

さらに，隔年で不作となり，天候に左右されやすいみかん栽培では収入が安定しないため，平成21年頃からは，みかん畑のうち，約38アールをキウイ畑に転用することを思い立ち，一から勉強してキウイの有機栽培を始めた。

⑵　被相続人の財産を維持又は増加させたこと

もし祐人が家業を手伝わなかったら，専従の従業員を常時雇い入れて行うか，みかん畑を手放し，廃業していたに違いなく，現在も約80アールのみかん畑とキウイ畑が存在するのは祐人の特別の寄与によるものである。長く赤字続きだった経営を祐人が跡を継いだ後から黒字に転じ，最近では，みかんは，「かいこうの寺田みかん」というブランドで販売し，客から高い評価を受けるようになったほか，キウイも安定した収穫が可能となり，「甘クイーン：キウイ」というブランドで，大手スーパーでも扱われるようになったことは，まさに祐人の努力によるところである。

２　具体的寄与分額について

祐人に支払うべき報酬や第三者を雇い入れた場合の賃金の支払が免れたことは，すなわち被相続人の財産が減少を免れたことは火を見るより明らかであり，祐人の家業従事により，被相続人の財産は減少することを免れたことはもちろん，収益性の高いみかん畑及びキウイ畑を維持できたことも，祐人の貢献によるものであり，特別な寄与に該当することも当然のことである（民法904条の２）。

よって，祐人の家業従事の寄与分は，少なくとも相続財産全体の30パーセントは下らないと考えることができる。

証拠資料

１　平成元年分から平成20年分までの被相続人の確定申告書の写し

２　「かいこうの寺田みかん」，「甘クイーン：キウイ」が平成●年度及び平成▲年度の品評会で県知事賞を受賞したことを証する表彰状の写し

【参考20】 特別の寄与　主張整理表（亜季）

令和３年８月○日提出
療養看護型　特別の寄与　主張整理表
作成者　申立人寺田亜季手続代理人弁護士
和　田　さや子
被相続人　寺　田　信太郎

番号	本人の状態	介護日数	介護の内容	介護の対価・同居の有無	証拠資料	資料番号
1	高血圧症，糖尿病の持病あり。平成20年１月，脳梗塞となって２週間ほど入院し，以後，体調を崩しがちとなる。	期間：平成22年４月１日～平成27年９月13日 計1991日	被相続人夫婦や夫隼人に頼まれ，平成22年４月１日からほぼ毎日被相続人宅を訪問し，家事援助，バイタルチェック，服薬管理等を行った。ただし，平成26年９月に夫隼人を亡くしてからは午前のみ被相続人宅を訪問し，同様の世話を行ってきた。	対価： ☑無 □有 （　　　　円） 同居： ☑無 □地代・賃料を払わず同居 □地代・賃料を払って同居 （　　　　円）	申立人の日誌	甲１
2	平成27年９月13日に再び脳梗塞を起こし，２週間ほど入院する。左半身に麻痺が残り，以後，歩行が不自由になる。要介護２と認定され，週２回のリハビリと入浴サービスを受けるようになる。	期間：平成27年９月27日～令和元年８月27日 計1430日	ほぼ毎日午前中被相続人宅を訪問し，家事援助や被相続人の身の回りの介護を行ってきた。	対価： ☑無 □有 （　　　　円） 同居： ☑無 □地代・賃料を払わず同居 □地代・賃料を払って同居 （　　　　円）	申立人の日誌 要介護認定通知書	甲１，２
3	令和元年８月27日の夜，ベッドから簡易トイレに移動する際転倒し股関節を骨折し，１か月ほど入院した。退院後はほぼ寝たきり状態となる。要介護５	期間：令和元年９月23日～令和２年６月20日 計271日	ほぼ毎日午前中被相続人宅を訪問し，家事援助や被相続人の身の回りの介護全般を行ってきた。	対価： ☑無 □有 （　　　　円） 同居： ☑無 □地代・賃料を払わず同居 □地代・賃料を払って同居 （　　　　円）	申立人の日誌 要介護認定通知書	甲１，３

第５章　特別受益の検討と特別寄与料の認定

～前章まで～

調停は，遺産の評価の段階に進み，自宅については合意が成立したが，キウイ畑とみかん畑の評価額につき真人と祐人の意見が対立し，鑑定が実施されることになる。

鑑定意見が提出されるまでの期間を利用して，真人の特別受益と祐人の家業従事型の寄与分についての主張整理が進む。

本章で扱う改正法Q&A

Q配偶者間での持戻し免除の意思表示の推定

Q特別寄与料の額の算定方法

実務論点

◆持戻し免除の意思表示

◆療養看護型寄与分の評価方法

1 事前評議——特別受益、寄与分、特別寄与料の調停進行の確認——

「先日、提出された準備書面以外に何か主張書面は出てきていますか」

——昼休みが終わって、午後の開始のチャイムが響く中、杉浦が稲葉に声をかけた。

「あれから何も出ていません」

「そうですか。書面は、それぞれに渡っているのかな」

「はい。弁護士から直送されていて、受領書もいただいています」

「じゃあ、調停のときに確認してみます」

——そう言うと、杉浦は調停記録を手に持って調停室に向かった。杉浦が、稲葉が整理した主張整理一覧表を見ながらメモを取っていると、石原が現れた。

「こんにちは。今回は、特別受益と寄与分、それに特別寄与料の調整ですね」

「ええ。同時に行うのは難しいので、順序立てて行わなければならないですね。裁判官の指示では、今回は事前評議を行う予定になっていましたね」

——しばらくすると、山崎裁判官が調停室に入ってきた。

「お二人とも、稲葉さんが作ってくれた主張整理一覧表をお読みになりましたか？」

——二人とも頷いた。

「特別受益は、鈴木弁護士から資料が提出されているので、真人さんに確認しましょう。祐人さんの寄与分については、家業従事型の主張ですが、まだ資料が不足しているようです。特別寄与料については、真人さん以外は合意できそうですね。進行としては、まず遺産分割手続から入り、特別受益の主張整理と調整をし、引き続き寄与分、特別寄与料という順番で行いましょう。一つ一つ課題を決めて進めましょう。よろしくお願いしますね」

――山崎はそう言うと部屋を後にした。

「では、全員に入ってもらいましょう。私が呼びに行ってきます」

第5回調停期日

1　遺産の評価と寄与分の主張の確認

──鈴木弁護士を先頭に愛子、祐人、利彦が入り、遅れて真人が入ってきた。全員が席に着いたところで、杉浦が話し出した。

杉浦「不動産については、藤村鑑定士が鑑定を行っています。次回までに鑑定書が提出されますので、皆さんのお手元にお届けします。

次に、株式ですが、鈴木代理人から提出のあった日刊紙の価額でよろしいでしょうか。

寄与分については、主張整理表の提出が次回になるということですね」

鈴木「はい。次回までには、寄与分の主張整理表を提出できると思います。概略としては、祐人さんの家業従事型の寄与を主張する予定です。愛子さんと祐人さんからは、療養看護型の寄与分を主張する予定はありません」

石原「分かりました。主張整理表の準備をよろしくお願いします」

2 特別受益の検討

石原「では、特別受益の検討に入ります。祐人さんらから、真人さんに対する娘の遥香さんへの入学金援助について特別受益の主張がされています。真人さん、どのようにお考えですか」

真人「娘は薬学部だったから、予想以上に費用がかかったんだ。お金が入り用だったので、お金をもらったことは認めるよ。

でもね。親父に娘の薬学部の合格と入学の報告をしたら、すごく喜んでくれて、『入学金とか大丈夫か？　うちから開港薬科大に入るなんて初めてだ。初年度分はこっちで払うから安心しろ』って言われたからもらったんだよ。何回かに分けてもらったから、総額でいくらもらったか覚えていないけど二〇〇？　三〇〇万円くらいだったと思うよ。いずれにせよ、あの時の親父の喜びようからすると、遺産分割のときには遺産に戻せと言うはずはないと思う」

石原「それは、お父さんには、持戻し免除の意思表示があったという主張になりますね？」

真人「法律的なことはよく分からないけど。はっきりと言われてはいないが、親父がここにいたら持ち戻せなんて言わないと思うな」

石原「今話したことは、持戻し免除の主張ですね」

●繰り返しによる調停技法

石原委員は、真人さんの「持ち戻せなんて言わない」という言葉を「持戻し免除」という用語に変えて要約しています。このような繰り返しは傾聴姿勢を示すもので、調停技法として有用です。

実務論点

23 持戻し免除の意思表示

持戻し免除の意思表示とは、被相続人が、特別受益分を遺産に持戻す必要がないとの意思を示すことをいいます。被相続人は、相続開始時までに、特別受益を遺産分割において持戻す必要がない旨、明示又は黙示に意思表示をしていれば、持戻しの計算をする必要はないとされています（民九〇三条）。これは、生前贈与や遺贈をその者の特別な取り分として与えようとする被相続人の意思を尊重するものです。

黙示の意思表示は、贈与の内容及び価額、贈与がされた動機、被相続人と受贈者である相続人及びその他の相続人との生活関係、相続人及び被相続人の職業、経済状態及び健康状態、他の相続人が受けた贈与の内容・価額及びこれについての持戻し免除の意思表示の有無など諸般の事情を考慮して認定することになります。

改正法Q&A

Q26 配偶者間での持戻し免除の意思表示の推定の規定を設けたのはなぜですか？

A 民法九〇三条四項は、これらの点を考慮し、婚姻期間が二〇年以上の夫婦の一方が他の一方に対して居住用不動産の贈与等をした場合については、持戻し免除の意思表示があったものと推定する規定を設け、同条一項の持ち戻す旨の原則と例外を逆転させ、これにより配偶者の相続における取得額を事実上増やすことを可能にしました。

もっとも、改正前民法の下でも、実務においては、婚姻期間の長い老齢の夫婦の一方が他方に対して居住用不動産の贈与等をする場合には、通常それまでの長年の貢献に報いるとともに、その老後の生活を保障する趣旨で行われたと認定して、持戻し免除の意思を推定し、遺産分割における配偶者の具体的相続分を算定するに当たり、その財産の価額を控除して遺産分割における取得額を減少させることはしない運用をしていました。そして、裁判例においても、居住用不動産の持分を配偶者である妻に生前贈与した事案につき、妻への贈与については、被相続人には暗黙のうちに持戻し免除の意思表示をしたものと解するのが相当であると判示したもの（東京高決平成八年八月二六日家月四九巻四号五二頁）がありました。

改正法は、婚姻期間が二〇年以上の夫婦の一方が他の一方に対して居住用不動産の贈与等をした場合については、通常それまでの貢献に報いるとともに、老後の生活を保障する趣旨で行われるものと考えられるとして、持戻し免除の意思表示の推定規定を設けました。

石原「鈴木代理人は、何かご意見ありますか？」

鈴木「実は、昨日、ようやく愛子さんが昔の預金通帳を見つけました。写しを持ってきたので証拠として提出します。これによると、初年度納付金として、入学金等で二〇〇万円、二年目と三年目の学費で各一〇〇万円、合計で四〇〇万円が真人さんの口座に振り込まれていると思われます。これを特別受益として主張します」

●特別受益についての主張の変更

鈴木弁護士は、預金通帳を検討していく中で数回にわたり贈与が行われていることから、「入学金」としての生前贈与があるとの主張から「入学金」と「学費」についての生前贈与があるとの主張に変えています。証拠に即応した主張です。

——鈴木は、真人と調停委員に対し、通帳のコピーを配った。真人は、黙って通帳の写しを見ていた。

真人「親父は、『他の孫にも同じようにしてやるつもりだから、心配するな』って言っていたから、祐人や隼人のところももらっているんじゃないの？」

利彦「すみません。僕からも一言いいですか？」

石原「どうぞ」

利彦「僕の場合は、入学金は父さんが掛けてくれていた学資保険で支払ったし、学費については奨学金で支払っています。援助を受けたことはないです。真人おじさんは、皆もらっているって言っているけど、それは違います」

●相続人全員に対する贈与・遺贈

相続人全員に対し贈与をしたり、遺贈をしたりしている場合は、全体について持戻し免除の意思があると認められる余地があります。

本件では、利彦さんや孫を含めた相続人全員に対する贈与等はないようです。

真人「妻がいくらかは返済していたと思う。その辺りは妻に確認しないと分からないから、それって次回でいいですか？」

石原「それは、一部は返済した可能性があるということですか？」

真人「親父は援助のつもりで渡してくれた。しかし、申し訳ないので、俺も少しは返さなくちゃって思っていたんだ。家に帰って妻に確認してみるから、次回まで待っててくれ」

石原「分かりました。では、真人さん、次回までに確認をお願いします。

特別受益については、真人さんの検討を待って整理したいと思います。

次回は、鑑定書も出てきますので、遺産の評価も確定します。よろしくお願いします。これで遺産分割調停期日は終わりにします」

――第五回調停期日が終了した。

特別寄与料請求第2回調停期日

石原「引き続き、特別寄与料請求事件の調停期日を行います。杉浦委員、和田代理人に声をかけてもらっていいですか？　お願いします」

――和田弁護士が、杉浦委員に連れられて、調停室に入ってきた。

1　特別寄与料の主張

石原「お待たせしました。早速、特別寄与料請求について話合いを行います。和田代理人から申立ての趣旨をご説明いただけますか」

和田「はい。亜季さんが行っていたのは、いわゆる療養看護型の特別の寄与です。

亜季さんは、隼人さんが死亡するまでの六年間は、毎日、ほぼ午前午後、隼人さんが亡くなってからも、信太郎さんが亡くなるまで午前中ですが、これも毎日、信太郎さんの介護を行っていました。信太郎さんが要介護五級の認定を受けていたことを考えれば、もしヘルパーを頼んでいたのなら、介護費用として出費していた額は、四〇〇万円を下りません。亜季さんは、特に金額を明示して請求しているわけではありません。相当額を決めていただければと申しております」

実務論点

24 療養看護型寄与分の評価方法

介護保険制度の施行前（平成一二年三月以前）においては、療養看護行為の日当につき、「付添看護婦の日当」が用いられることが多く、在宅看護については「家政婦報酬」、入院付添については「民事交通事故訴訟における近親者付添費」等が参考とされてきました。

しかし、介護保険制度の施行後（平成一二年四月以降）は、介護保険における「介護報酬基準」が用いられることが多くなりました。同基準は、介護に要する時間に基づき介護種別（要支援・要介護）を七段階に区分し、それぞれの区分に応じた介護サービスのための報酬額を明示しています。

実務においては、要介護者の受けた介護サービスの内容、居住地（級地）等を考慮して介護報酬を算定したものを参考に療養看護の寄与分を算定しています（詳細については、『遺産分割・遺留分の実務』三五八頁の表参照。）。

改正法Q&A

Q27 特別寄与料の額はどのように算定するのですか？

A　寄与分における算定方法が参考になり、療養看護型の場合、被相続人が要介護度2以上の状態にある場合の介護報酬が一つの目安になります。また、寄与分の算定の実務においては、介護をした相続人は、看護や介護の専門家ではないこと等の事情を考慮し、裁量割合として、多くは、〇・六あたりを平均的な数値として、裁量割合を乗じて減額しています。

算出方法としては、次のようになります。

療養養看護型の寄与分　＝　介護報酬相当額　×　療養看護の日数　×　裁量割合（〇・六）

特別寄与料においても、同じように考えることになりましょう。

しかし、本件では、亜季さんは看護師という資格を有していることを考慮すると裁量割合は、〇・七とみるのが相当といえます。

2　祐人、真人らへの聴取

杉浦「分かりました。鈴木代理人のご意見はいかがですか」

鈴木「我々からも亜季さんの労務に対しては、何らかの形で報いたいと思っています。真人さんがよろしければ、亜季さんの請求には異存はありません。金額は相当額であれば、もちろん負担するつもりです」

杉浦「分かりました。では、真人さんにお話を伺いましょう。亜季さんの特別寄与料について、どのようにお考えですか」

真人「俺は、そもそも相続人じゃない亜季さんに遺産を渡すこと自体が納得できないんだよ。今の話じゃ、亜季さんが親父の面倒をみていたんだろうけど、嫁としては当然の義務なんじゃないですか」

――腕を組んだまま不愉快そうに答えた。

祐人「兄貴は、ほとんど家に寄り付いてないから、分からないんだよ。介護っていうのは兄貴が考えている以上に大変なんだよ」

――吐き捨てるように言った。

真人「俺だって話があったら介護くらいしたよ」

――カッとなって反論した。

祐人「まぁ。兄貴なら一週間も持たないと思うぜ。嫁として当たり前なら、兄貴のところはどうなんだ。自分の方こそ、当たり前のことやってないじゃないか！」

――祐人も口調を強めた。

杉浦「ちょっとお待ちください。ここは話合いの場です」

石原「真人さんから、まず話を伺った方がいいですね。他の方は、待合室でお待ちください」

――祐人らは退室した。

3　真人への聴取

石原「亜季さんの特別寄与料について、やっぱり納得はいきませんか？」

真人「ああ。どうも腑に落ちないね。お袋も祐人も近くに住んでいて、何で亜季さんが介護していたのかということがね。俺が近くにいたら、絶対に自分で面倒をみていたと思うよ。それに利彦君には、請求していないんだろ？　利彦君が遺産を取得しながら負担しないというのはおかしいじゃないか」

●相続人が複数いる場合の特別寄与料の取扱い

特別寄与者は、その選択に従い、相続人の「一人又は数人」に対して特別寄与料の支払を請求することができます。必ず相続人の全員に対して請求しなければならないとすると、特別寄与者が権利を行使することが困難になるおそれがあるからです。

本件においては、亜季さんが利彦さんに対し請求していないのは、親子の情誼から、利彦さんに対し相続分に応じた負担を求めることになると、利彦さんが与れる遺産の額が実質的に減少するからだと思われます。

石原「愛子さんも高齢だし、祐人さんにもそれぞれ事情があってのことと思いますよ。
　しかし、現実問題として、亜季さんが信太郎さんの介護を行っていたのですから。ご検討できませんか。
　それと特別寄与料は、誰に請求するかは申立人が決めるものとされています。
　和田代理人から送られた主張整理表はご覧になりましたか？　内容としては、亜季さんは大変な思いをして介護されたことがうかがわれます」

真人「数日前に送られてきた書面のことか？　あれだけじゃよく分からないよな。本当はどうだったんだか」

石原「では、和田代理人に調停室に入ってもらい、主張につきもう少し補足してもらいましょう」

——石原は、和田弁護士に対し真人の話を伝えた。

和田「真人さんの不満は、特別寄与料という制度そのものについての不満と実際に特別の寄与に値するだけのことを亜季さんが行ってきたかということでよろしいですか？」

真人「ああ。そうだね」

和田「制度に対する不満は、ご納得していただくしかないのですが、この制度ができる前も亜季さんのような立場にある第三者の寄与行為を全く考慮しなかったというわけではありません」

●特別寄与料の制度趣旨

相続人の妻が、被相続人（夫の父）の療養看護に努め、被相続人の財産の維持又は増加に寄与した場合、実務は、夫の寄与分の中で妻の寄与行為を考慮することで解決を図っていました。しかし、本件のように推定相続人である夫が被相続人よりも先に死亡した場合には、相続人が存在しないため、妻の寄与行為を考慮することができず、不公平な結果になると指摘されていました。そこで、特別寄与料の制度を新設して療養看護等の貢献をした者が遺産の分配を受けることができないという不公平を解消させたのです。

真人「それはそうとして、亜季さんが何をしたかがはっきりしない」

和田「分かりました。亜季さんの寄与行為ですが、看護師という職業柄、日誌を付けていました。ノート何冊にも渡るので、全部はコピーできませんが、手元に一か月分コピーがありますので、ご覧いただければ、亜季さんの行ってきたことを理解していただけると思います。必要があれば、全部コピーを取ってお渡しすることもできますよ」

――そう言って、鞄からコピー用紙の束を取り出して、真人に手渡した。真人はその紙をめくった。

真人「とりあえず、次回までに目を通しておくよ」

石原「それでは、次回までにご意見を聞かせてください。では、全員に入ってもらいましょう」

――祐人らが入室した。

4　調停の終了と合意事項の確認――寄与行為に対する検討

石原「それぞれ別々にお話を伺ったので、まとめてお話しします。特別寄与料については、次回までに真人さんが、亜季さんの寄与行為に対する意見をまとめていただくことになりました」

真人「一つ質問なんだけど、もし、俺が寄与行為に納得したら、寄与料はいくらになるんだ。それが一番大事なんじゃないか」

和田「先ほどお話ししましたが、亜季さんの寄与行為は四〇〇万円と考えています。これはヘルパー代が基準になっています」

真人「皆そうだけど、それが相当な金額かどうかよく分からないんじゃないかな」

鈴木「真人さんの言いたいことは理解しますが、まず真人さんが寄与行為を認めるかどうかをはっきりさせた上で、調停委員から相当な金額を提示していただければ、我々は合意する用意があります」

石原「分かりました。金額については、調停委員会で検討しておきます。では、真人さん、次回までに検討してきてくださいね。よろしくお願いします。本日はこれで終了します」

――第二回調停期日が終了した。

2 事後評議――鑑定書の提出と次回期日までの進行確認

「事後評議をお願いします」

――夕方になり、ほとんどの調停期日が終わり、書記官室にある調停室の使用状況を示すランプが消えていた。ただ一つ残った明かりは、一号調停室であった。その調停室から電話連絡があった。稲葉は、今日の調停期日は論点が多いので、中間調書を作成する場面もあるかと思い、準備していたところであった。稲葉は、電話がかかってこないため、気になっていた。

「特に合意事項がなく終了しましたね」

「石原さんなら、錯綜せずに調停を進めていると思うけどね。次回へ向けた方針の確認じゃないかな」

――ちょうどその時、山崎裁判官が声をかけてきた。

「稲葉さん、事後評議に立ち会ってくれませんか。次回の宿題が色々あるので、書記官としても整理しておいた方がいいから」

――稲葉は上着を片手に調停室に向かった。

「鑑定書は、次回までに間に合いそうなんですか？」

「はい。昨日、藤村鑑定士に確認したところ、少し早めて、次回期日の二週間前までには提出できるとのことです」

「そうすると、次回は評価が確定しますね。特別受益と特別寄与料について、真人さんがどのような主張をしてくるか気になるところです」

「裁判官、質問があります。祐人さんの家業従事型の寄与分はどのように進めましょうか」

「寄与分については、次回までに具体的な寄与の内容が提出されるので、それに対する他の相続人の意見を聞きたいと思います。以前であれば、寄与分について家庭裁判所調査官による調査を検討していましたが、合意ができそうにないのなら、調停委員会による心証開示でいきましょう」

●家庭裁判所調査官

家庭裁判所調査官（以下、「調査官」といいます。）は、裁判官及び調停委員と協議し、不出頭当事者への出頭勧告及び意向調査の要否、そのタイミングについて調停委員会に意見具申をすることがあります。また、調停期日に立会して、心情を調整し、当事者の自主的解決能力を引き出す役割を果たすこともあります。

また、双方の主張を整理し、調査を実施し、その結果を調停に反映させることで合意形成を図ろうとすることもあります。

最近は、子の監護権や親権で対立したり面会交流の頻度や方法で争ったりする子をめぐる事件が増えていること、平成二五年一月に施行された家事事件手続法の第六五条で、子が影響を受ける事件については、家庭裁判所は子の意思や状況を把握して解決することが定められたことから、調査官は、専門である行動科学の知見をより発揮できる子をめぐる事件において多く活用されるようになり、養育費請求、婚姻費用分担、遺産分割など財産関係事件への関与は減少する傾向にあります。

調査報告書は、調査官が裁判官から命じられた調査事項について、当事者と面接して話を聴いたり、当事者から提出された資料等を精査するなどして調査を行い、その調査結果を調査官の意見を付して報告する書面です。調査報告書は、当事者から聴取した内容を全て書面にまとめるというものではありません。

また、調査及び調査報告書の作成に当たっては、当事者の主張・反論、調査官の評価、意見（まとめ）という順に記載することが多いのですが、中立公正を旨にし、疎明資料に照らし合わせ、客観的に判断し、説得力があるものとなるように作成しています。なお、調査報告書は、裁判官宛になっていますが、調査官は、紛争の円満な解決を支援したいという思いで作成しています。

「主張整理表が提出されましたら、期日中に評議を入れたいので記録をご覧になってください」

「特別寄与料については、真人さんの意向がはっきりしたら、こちらで相当額を提示した方がよいのかもしれません。裁量割合をどのくらいに設定するかがポイントなので、次回までに検討しておきます」

③

点景――真人宅での会話（亜季による介護）

「ただいま。今帰ったよ」

――真人は、ネクタイを解きながら、靴を脱いだ。

真人の家は、岩崎町の隣町である開港ニュータウンにあった。ニュータウンと言っても、高度経済成長時代に建てられた古い社宅で、手狭感は否めない。ずっと地方住まいが続いていたところ、やっと地元の開港市に戻ってきたが、社宅が郊外の物件しか空きがなく、狭いだけでなく、通勤にも一苦労している。

「今日も、あんまり進展しなかったなぁ。次回までに色々決めなきゃいけないことがあって嫌になるよ」

「ふーん。何を決めるの？」

――万里子は、キッチンで食事の準備をしながら尋ねた。

「亜季さんの介護を認めるかどうか決めてこいって言われてね」

「亜季さん、毎日通っていたっていうでしょ」

「親父の遺言書には株式を渡したいと書いてあったんだよね。遺言書は無効だけど」

――真人は、万里子に対し、今日の調停の経過を話した。

「それを言われると私も後ろめたい気持ちになっちゃうな。うちはたまたま転勤族だったから、近所に住んでなかったので、面倒をみれなかったけど。逆の立場だったら、面倒をみないわけにはいかないから」

「裁判所でも同じような話は出たんだけどね。大変さが実感としてなかったから、何か釈然としなかったんだよね」

「それは大変だと思うわよ。私の友達も同じような立場の人がいるけど、本来は相続人が面倒をみなくちゃいけないのに、実際は、相続人の妻が面倒をみるケースが多いみたいよ」

「そういう人のために、できた制度だって聞いたけどね。もう少し考えてみるよ」

「同じ嫁の立場としては、感謝することはあっても反対はしないかな」

――万里子はそう言ってキッチンに戻った。「反対より感謝」か。真人は万里子の言葉を呟きながらビールを飲み干した。

４　鈴木法律事務所――祐人の寄与分の主張整理

――強風が吹き荒れる天気の中、祐人は鈴木事務所にいた。窓から外を眺め、みかんやキウイの木がどうなっているかが気になっていた。以前、大型台風が直撃した際、せっかくの実が軒並み落ちてしまったことを思い出していた。親父は、農家は雨が降っても、日照りでも苦労するものだといつもそう言っていたな。

「次回までに具体的な寄与行為を裁判所に提出しなければならないので、今日は強風の中来てもらったんだ」

「そうだったな」

「信太郎さんの手伝いをしたのはいつ頃からかな」

「本格的に手伝ったのは、高校に入ってからだと思う。その頃は兄貴も弟も皆で手伝っていたけどな。その後、兄貴は大学に入って、一人暮らしを始めた頃から、僕が一人で農業を手伝うようになったんだ。弟も夏休みとかは手伝ってくれたけど、ずっとやっていたのは僕一人だったよ」

「お前は就職したんじゃなかったっけ？」

「高校を卒業して就職したけど、働きながらも手伝ってたんだ。親父が亡くなる一〇年前くらいからは、会社も辞めて農業に専念したよ。自分としては、かなり苦労したつもりだよ」

「そうか」

「何か問題あるのか」

「寄与分の主張の要件を整理しているんだが、寄与分が認められるためには、特別の貢献、無償性、継続性、専従性を充たしている必要があると言われているんだ。これから、その要件を充たしているかを検討していかなければならない。

それと『特別の貢献』と『継続性』は問題ないようだけど、寄与分の額を算定するときに年間の給与額を推定するんだが、農業の場合、給与額を算定するのが困難なので、どのように主張するかを考えないといけないな」

「親父がやっていた頃は赤字続きだったけど、僕が何とか黒字に変えたのは間違いないよ。兄貴は、昔の様子しか知らないから、赤字続きだと思っているけど。今は結構利益が出ているんだ」

「そこは、祐人の貢献度は高いね。しっかり主張してみるよ。細かいところはまた後日聞くことにするから、また連絡する」

「ああ。頼んだぜ」

5　書記官室――鑑定書の提出

「稲葉書記官はいらっしゃいますか」

――藤村鑑定士が書記官室に現れた。

「今、一階の手続案内室におります。不動産鑑定の件ですか？」

「はい。鑑定書をお持ちしました」

「今、稲葉をお呼びします」

――稲葉が手続案内室から戻って来た。

「お待たせしました」

「鑑定書が出来上がったので、お持ちしました。当事者の方には、昨日、こちらから送付させていただきました。農地鑑定でしたが、皆さんには納得してもらえる内容だと思います。当事者から質問があったら、いつでも連絡してください」

――藤村が帰ると、稲葉は鑑定書を調停記録につづった。

「稲葉さん。鈴木弁護士からは寄与分についての主張整理表が来ています」

――稲葉は、石原と杉浦に主張整理表が提出された旨の連絡を入れた。真人からの特別寄与料についての意見を除いては、ほぼ次回期日に向けての資料は集まった。

⑥ 点景――亜季宅にて

「明日の調停、母さんは出席するの？」

「和田先生に任せているから、行かない」

「前回、真人おじさんだけが、納得してくれなかったんだよね」

「和田先生からも聞いているけど、真人おじさん次第よね」

「でも僕にも請求しないと、おじさんは納得しないいんじゃない？」

「うーん。それは和田先生にも言われたんだけど、『親が子にお金を請求するって、なんか、嫌だわ』って言っておいたから。私が請求することによって、あなたの取得分を減らすことはしたくないの。それにあなたに対して請求するかしないかで真人さんの負担する額が変わるわけではないらしいし……」

「僕も、なりゆきで参加しているようなものだから、母さんのいいようにしてくれたらいいよ。和田先生にもそう言っておいて。レポート書いていないから、調停どころじゃないんだよなあ」

――利彦はそう言って頭をかいた。

とにかく早く目処をつけてほしい。亜季は自分の部屋に向かう息子の後ろ姿を見たとき、モヤモヤした気持ちを拭えなかった。

【参考21】 寄与分主張整理表（祐人）

<table>
<tr><td colspan="4">令和３年９月○日提出
家業従事型寄与分主張整理表
作成者　寺田祐人手続代理人弁護士　鈴　木　知　広
被相続人　寺　田　信太郎</td></tr>
<tr><td>番号</td><td colspan="2">寄与の時期・主張・給与
(家業に従事した経緯と労務の具体的内容)</td><td>被相続人との
生活状況</td></tr>
<tr><td rowspan="2">1</td><td colspan="2">〈時期〉
平成元年４月から平成20年３月まで

〈経緯・内容〉
寺田祐人は，平成元年に高校卒業後，○○鉄道株式会社に就職したが，約80アールもあるみかん畑を被相続人と母だけで耕作することは到底困難であるため，就職後も，出勤前に作業を手伝ったり，土日の休日には朝から晩まで，みかん栽培の作業を手伝ったりしてきた。

〈給与の有無〉
☑無給　□有給（月額・年額　円）</td><td>☑別居
□地代・賃料を払わず同居
□地代・賃料を払って同居
（　　　　　　　　円）

あなたの生活費
□被相続人が
すべて負担した
□被相続人に対し，月額
円を支払っていた
☑被相続人は負担していない</td></tr>
<tr><td>主張を裏付ける資料（番号）</td><td colspan="2">1　令和３年９月○日付け寺田祐人作成の陳述書
2　平成元年分から平成20年分の被相続人の確定申告書の写し</td></tr>
<tr><td rowspan="2">2</td><td colspan="2">〈時期〉
平成20年４月から令和２年６月まで
〈経緯・内容〉
平成20年頃から，被相続人は，高齢となって農作業ができなくなったため，祐人は，思い切って平成20年３月に，○○鉄道株式会社を退職し，家業を継いで農業に従事するに至った。以後は，祐人が時々短期間のパート従業員を雇いながらも，専らみかん栽培に従事してきた。祐人が切り盛りするようになってからは，より糖度の高く安心・安全なみかんを栽培するために，手間がかかる有機栽培を取り入れたり，地元の農業大学と共同して新しい農法を取り入れたりし，さらに平成21年頃からは，新たにキウイの栽培を行うなどしたため，被相続人の頃はずっと赤字続きであった収支を黒字に転じさせた。
〈給与の有無〉
□無給　☑有給（月額　３，４万円）</td><td>☑別居
□地代・賃料を払わず同居
□地代・賃料を払って同居
（　　　　　　　　円）

あなたの生活費
□被相続人が
すべて負担した
□被相続人に対し，月額
円を支払っていた
□被相続人は負担していない</td></tr>
<tr><td>主張を裏付ける資料（番号）</td><td colspan="2">１のほか，みかん及びキウイが品評会で受賞し，ブランド化したことを証する資料，平成21年分から令和２年分の寺田祐人の確定申告書の写し</td></tr>
</table>

第6章 遺産の評価合意，特別受益及び寄与分の検討と特別寄与料調停の成立

～前章まで～

真人は，娘の入学金と学費につき援助を受けたことを認めるが，信太郎には持戻し免除の意思表示があったと反論する。また，真人は，その一部を返済したとも主張する。そこで，調停委員会は真人に対し事実関係の確認を促す。

真人の妻万里子から亜季の貢献につき「反対より感謝」すべきと言われた真人は，亜季の特別寄与料の申立てに心が揺れることになる。

本章で扱う改正法Q&A

Q特別寄与料に関する課税

実務論点

◆調停記録の閲覧謄写

1 第６回調停期日前――特別受益、寄与分の調停進行の確認

「今回は進展しますかね」

――杉浦が尋ねた。

「真人さんがどのように考えてくるかですね。裁判官から言われたように、評価の確認から一つ一つやっていきましょう」

――石原は段階的進行モデルの有用性を確認した。

「そうですね。今日の一番の課題は確か特別受益でしたね。まず、遺産の評価を行ってから特別受益に入り、その次に寄与分をやり、調整が難しい場合には評議を求めることでしたね」

――石原はその言葉に頷いた。

「では、双方に入っていただきましょう」

――当事者全員が調停室に入った。

第６回調停期日

1　遺産の評価

杉浦「それでは、調停を始めます。まず特別受益の関係で……」

石原「杉浦さん、先に評価の確認を……」

●相調停委員による助言

杉浦委員は、今日の調停のテーマのうち一番の課題である特別受益から聴取を始めようとしましたが、石原委員は段階的進行モデルによる進行の意義を理解し、評価から入るように助言しています。

調停の運営に当たっては相互の理解と協力が重要です。

――石原に言われて、杉浦ははっとした。

(1)　鑑定書の提出と意見聴取

杉浦「すみません。鑑定書が提出されておりますが、皆さん、ご意見はありますか？」
鈴木「細かいところに多少疑問点がありますが、私どもはこれで結構です」
利彦「僕も鑑定意見に従います」
――全員の注目は真人に集まった。
真人「正直納得できない部分がありますね」
杉浦「納得いかない部分はどの点ですか」
真人「みかん畑の部分です。安すぎるんじゃないかな。坪単価はキウイ畑と比較して安いと思います。もう少し高くてもいいんじゃないかな」
鈴木「鑑定書には根拠が記載されていますが、その理由では納得できないってことですか？」
真人「一つ一つの理由はそれなりに相当かなとは思うけど、要は金額が…」
鈴木「それでは、鑑定した意味がないじゃないですか。根拠が相当だと思うなら納得してくださいよ」
――真人としても、鑑定理由には不相当と思われるところがないだけに言葉に詰まった。しばらく沈黙が続いた。
祐人「提案なんですけど、兄貴が納得できないのなら、評価を棚上げにして分割方法のところで調整しませんか。せっかく来たのに空転しちゃいますから」
――それは良い考えかもしれない。杉浦がそう思って話し始めようとしたとき、石原が先に口を開いた。

石原「それは調停委員会の方針と異なりますよ。評価を決めないで先に進むことはいたしません。もし、鑑定人の説明が必要であれば、次回に調停期日において説明してもらうように取り計らってみますが、いかがですか？」

――また延びるのか……祐人はあからさまに不愉快な顔をした。無言の時間が過ぎた。

石原「そうですね。まず、真人さんとお話ししましょう。他の方は待合室でお待ちください」

――祐人らが退室した後、石原が真人に対し話し始めた。

(2)　真人への聴取

石原「真人さんは納得できないとおっしゃっていますけど、評価が確定しないと、次のステップには進めないことはご理解いただいていると思います。真人さん、今後の進め方について、どうされますか」

真人「祐人は農業を続けたいから、その立場からすると、みかん畑の評価は低い方が有利だと思うんだよね」

石原「お気持ちは分かりますが、分割方法と絡めて議論はしない方針であると前々から説明していたとおりです。真人さんとしては、鑑定に疑問があるのであれば、具体的にその問題点を指摘しないといけません。私的意見書を提出することを検討してもらう必要もあります」

●鑑定意見に異議が出た場合の扱い

実務においては、鑑定意見に対する不服がある場合には、私的意見書の提出を求める前に、まず、鑑定意見に対する疑問点を書面により挙げてもらい、鑑定人に対して、口頭又は書面により補足意見を求めることとしています。それでも、なお当事者が納得しない場合には、不動産鑑定士の資格を有する調停委員を三人目の調停委員として選任して調整を図ることもあります。

真人「問題点の指摘をと言われても……。さらに私的意見書を用意するといっても費用がかかるしなぁ」

石原「費用はもちろんかかりますし、それは真人さんが負担することになります。いずれにせよ評価額が決まらないと先に進めません。どうされますか」

真人「もし、評価が合意できなければ審判になるんだよね。その時の評価額はこの評価でいくのかな？」

石原「審判は裁判官の判断で行うことになりますが、裁判官は今回の鑑定書に基づいて評価額を確定すると思います」

――真人は腕を組んだまま黙ってしまった。

杉浦「どうしますか」

――杉浦が黙っている真人に話しかけた。

真人「争うとしても費用がかかるし」

●再鑑定申請

実務において、再鑑定が求められることもありますが、鑑定意見が不合理であるという特段の事情のない限り、再鑑定をすることはありません。

石原「裁判官と評議しますので、待合室で少しお待ちください」

(3)　評　議

——石原は、山崎裁判官に対し真人の意向を伝えた。

山崎「そうですか。決断がつかないのですね。

本件の審判の管轄は開港家裁でしたよね。当庁では、調停担当裁判官が審判手続を進めますから、審判になっても、事情変更がない限り、現時点における結論は変わりません。

私は、鑑定意見は相当であると考えていますので、鑑定書の評価額で進めます。審判に移行したら、評価がたやすく変わると誤解されては困るので、私からお話ししましょう。真人さんをお呼びください」

(4)　評価の合意と中間合意調書の作成

——山崎は、真人に対し鑑定意見が相当であることを説明した。

●審判における鑑定の扱い

調停においては評価をする必要はなく、審判において鑑定をすれば足りると主張する代理人がいます。調停と審判は手続構造は異なりますが、実務においては、遺産分割事件を適正かつ迅速に進行するために、調停段階で争点を明確にし、評価額も確定させ、調停委員会において結論を示すという運用をしています。このような運用においては、審判手続が長期化することはありませんし、また、鑑定時と審判時は近接していますから、社会経済状況の変化による不動産の地価変動がない限り、鑑定の見直しは必要はないと思われます。

山崎裁判官は、鑑定意見は相当であると判断を明示し、審判においても同じ判断が示されるであろうと方向性を示しています。このような心証開示をすることは調停運営において極めて重要です。

真人「仕方ありません。鑑定意見に従います」

――真人は、渋々ながら、鑑定意見に従うことを認めた。

山崎「評価額は合意したということで中間合意調書を作成しましょう。祐人さんらにも入っていただきましょう」

――全員が調停室に入室した。

山崎「評価合意ができましたので、中間合意調書を作成します」

――合意内容を読み上げた。

山崎「合意内容は、今確認したとおり、『当事者全員は、本件調停における本件遺産の評価額を別紙のとおり合意する。』となります。皆さん、この中間合意調書は謄写できますので、希望される方は手続をしてください。

では、引き続き、残っているテーマを進めていきましょう。進行をよろしくお願いします」

――山崎と稲葉書記官は、調停委員にそう言い、退室した。

実務論点

㉕ 調停記録の閲覧謄写

家事事件記録の開示に関する手続は調停と審判において規律が異なります。すなわち、遺産分割調停段階は、遺産分割調停の段階で提出した書面については、当事者又は利害関係を疎明した第三者は、家庭裁判所の許可を得て、裁判所書記官に対し、家事調停事件の記録の閲覧若しくは謄写を請求することができ、家庭裁判所は「相当と認めるとき」はこれを許可します（家事法二五四条一項・三項）。

本件は、調停段階にありますので、調停記録は、裁判官の許可を受けて閲覧謄写することができることになります。

これに対し、遺産分割審判の段階では、当事者の主体的な手続追行権を保障するため、当事者が審判事件記録の閲覧・謄写の請求をした場合、家庭裁判所は原則として許可することとしつつ（同法四七条一項・三項）、特別な事情がある場合に限り、例外として閲覧等の請求を却下とすることとしています（同法四七条四項）。記録の閲覧等の請求を却下した裁判に対しては　即時抗告の申立てができます（同法四七条八項）。

【参考22】 中間合意調書の例（遺産の評価）

当事者全員
　当事者全員は，本件調停における本件遺産の評価額を相続開始時及び遺産分割時ともに，別紙のとおり合意する。

（別紙）

遺　産　目　録

1　目録一の１の(1)の土地の評価額につき，2,000万円
2　目録一の１の(2)の土地の評価額につき，1,000万円
3　目録一の１の(3)の土地の評価額につき，1,100万円
4　目録一の１の(4)の土地の評価額につき，3,500万円
5　目録一の２の建物の評価額につき，330万円

以　上

2 特別受益の検討

(1) 特別受益の裏付け資料の提出

石原「評価が決まりましたので、次のテーマである特別受益を整理していきましょう。真人さんからは、信太郎さんからもらったお金を返済したとの話が出ていましたが、その裏付け資料が提出されました。真人さん、説明してくださいますか」

真人「ああ。妻に確認して出してもらったけど、これしか手元になかった」

――そう言って、五〇万円の振込証書のコピーを提出した。

真人「まだ、探せば出てくると思うけど。前回も話したけど、親父は遥香が地元の名門大学に入学できたことを本当に喜んでくれたんだよ。俺じゃなくて娘にもらったものだし。はっきり口に出したわけじゃないけど、後で持ち戻せなんて言うわけはないよ」

(2) 祐人らの主張

鈴木「我々としては、学費は、真人さんに対する生計の資本のための贈与であり、特別受益に当たると考えています。また、持戻し免除の意思表示はなかったと考えます」

杉浦「誰に対する贈与か、持戻し免除の意思表示の有無が争点ということになりますね」

鈴木「そういうことになります。これ以上は議論しても平行線なので、調停委員会の判断を伺えればと思います」

第6章

――石原は、杉浦の顔を見てから、話し始めた。

石原「では、次回に、裁判官と評議した上で調停委員会の見解をお話しします」

――全員頷いた。

3　寄与分の検討

(1)　祐人の主張整理表の提出

石原「では、引き続いて、祐人さんの寄与分の主張整理に入ります。先日、鈴木代理人から、資料をいただきました。そして、併せて主張整理表が提出されました。事前に皆さんのお手元に届いていると思いますが、ご意見をいただきます」

真人「弟がやったことをそばで見ていたわけじゃないから、具体的に何をやったかよく知らないよ。農業が赤字だったこともあるのに、それで増加とか維持っていわれても納得いかないんだよな」

――真人は不満を述べた。

鈴木「真人さんが納得できないのであれば、主張も資料も全部出し尽くしているので、後は審判で判断をしていただければと考えます」

杉浦「寄与分の存否について争いがあるので、評議をしたいと思います。しばらくお待ちください」

――石原は書記官室に電話をかけた。

石原「寄与分の主張が対立し、合意ができません。評議をお願いします」

(2)　評　議

――しばらくすると、山崎が稲葉とともに調停室に入ってきた。
石原は、それまでの調停の経緯を山崎に説明した。

山崎「確かに祐人さんの主張を裏付ける資料は提出されていますが、祐人さんの家業従事の実態をもう少し調べる必要があると考えます。陳述書を追加してもらいましょう。また、寄与分が相続財産全体の三〇パーセントに相当すると主張していますが、なぜ全体に対するものになるのかについても理由を明らかにしてもらいましょう。
今日の課題は、あと何が残っていますか？」

石原「遺産分割調停は終了できますが、特別寄与料請求の調停期日を行います」

山崎「分かりました。では、和田代理人に入っていただいて始めましょう」

――第六回調停期日が終了した。

特別寄与料請求第3回調停期日

1　調停委員会からの特別寄与料の相当額についての説明

――和田弁護士が入室し、特別寄与料請求事件の調停が始まった。

山崎「では、亜季さんの特別寄与料について、話合いを進めましょう。先日の皆さんのお話を基に、調停委員会で検討しました。本日は、それをご説明します」

真人「裁判所が、金額を出してくれたの？」

山崎「そうです。早期解決の観点から、調停委員会の考え方としましては、亜季さんが看護師という専門資格を有していることを考慮して裁量割合を〇・七とし、二四〇万円が相当額であると考えます。二四〇万円を皆さんの法定相続分で按分しますと、愛子さんが一二〇万円、真人さん、祐人さん、利彦さんが各四〇万円となります。本件では利彦さんは相手方となっていませんので、支払う方は愛子さん、真人さん、祐人さんの三人です」

和田「亜季さんは、元々金額にはこだわりはないのでお受けします」

鈴木「我々としても、亜季さんがよければ結構です」

山崎「真人さんはいかがですか？」

――真人は、昨夜の妻の万里子との会話を思い出した。

真人「正直、苦労の割に報われないのかなとは思うけど……全員がよければ、俺も合意するよ」

2　調停の合意と調停条項の作成

山崎「では、これで特別寄与料請求の調停は合意ができましたので、調停調書を作成します。調停条項を読み上げます」

●特別寄与料の調停条項例

特別寄与料に関する処分は、別表第二の審判事項ですから給付内容を明確に記載する必要があります。

山崎「これで特別寄与料請求の調停は成立しました。調停調書の謄本の申請手続については、書記官に聞いてください」

――特別寄与料請求第三回調停期日が終了した。

改正法Q&A

Q28　特別寄与者に対する課税はどうなるのでしょうか？

A　特別寄与料に対しては、相続税が課税されます。特別寄与料は相続又は遺贈により取得するものではありませんが、被相続人の死亡と密接な関係を有し、経済的には遺産の取得に近い性質がありますので、一連の相続の中で課税関係を処理することが適当であること、被相続人が相続人以外の者に対して財産を遺贈した場合における課税とのバランスをとる必要があることから、特別寄与料に相続税を課税するために、相続人からの特別寄与料の取得を被相続人からの特別寄与者に対する遺贈とみなすことにしました（相続税法四条二項）。計算方法としては、相続人以外の者が遺贈により財産を取得した場合と同様です。

特別寄与者は、法定相続人ではありませんので、基礎控除のうち法定相続人数比例部分（六〇〇万円）の適用はなく、相続税の総額を計算する際の法定相続分もありません。また、相続人ではないため、原則として相続税が二割加算されます。これは特別寄与者が相続人ではないという点で受遺者（相続人を除く）と変わりはなく、遺贈とのバランスからも二割加算の対象となるとされています。

他方、特別寄与料を支払った相続人については、特別寄与料の支払は被相続人の死亡に起因するものであり、遺産の中から支払うにせよ、固有財産から支払うにせよ、その支払った金額分は担税力が減殺されます。すなわち、課税される額は、特別寄与料の額がその特別寄与者に係る課税価格に算入される場合には、相続又は遺贈により取得した財産から特別寄与料の額のうちその相続人が負担すべき金額を控除した金額とされます（相続税法一三条四項）。

実務に携わる者は相談者に対し、相続税法においては、相続人からの特別寄与料の取得が被相続人からの特別寄与者に対する遺贈とみなされ（相続税法四条二項）、課税対象となることを説明しておく必要があります。

【参考23】 特別寄与料の算定（メモ）

被相続人　寺　田　信太郎

	1	2	3
介護日数	期間：平成22年４月１日～平成27年９月13日 計1991日	期間：平成27年９月27日～令和元年８月27日 計1430日	期間：令和元年９月23日～令和２年６月20日 計271日
本人の状態	高血圧症，糖尿病の持病あり。平成20年１月，脳梗塞となって２週間ほど入院し，以後，体調を崩しがちとなる。	平成27年９月13日に再び脳梗塞を起こし，２週間ほど入院する。左半身に麻痺が残り，以後，歩行が不自由になる。要介護２と認定され，週２回のリハビリと入浴サービスを受けるようになる。	令和元年８月27日の夜，ベッドから簡易トイレに移動する際転倒し股関節を骨折し，１か月ほど入院した。退院後は，ほぼ寝たきり状態となる。
介護の内容	被相続人夫婦や夫隼人に頼まれ，平成22年４月１日からほぼ毎日被相続人宅を訪問し，家事援助，バイタルチェック，服薬管理等を行った。ただし，平成26年９月に夫隼人を亡くしてからは午前だけ被相続人宅を訪問し，同様の世話を行ってきた。	ほぼ毎日午前中被相続人宅を訪問し，家事援助や被相続人の身の回りにつき部分的な介護を行ってきた。	ほぼ毎日午前中被相続人宅を訪問し，家事援助や被相続人の身の回りにつき全面的な介護を行ってきた。
裁判官の心証	５年以上の長きにわたり，ほぼ毎日日中あるいは午前中被相続人宅に通い，被相続人夫婦の面倒をみてきたことは容易なことではないと思われるが，当時の被相続人の状態はまだ要介護状態にはなく，申立人の行為は家事援助，服薬管理等の見守りにとどまっているため，この間の行為は特別の寄与とは言えない。	被相続人は，要介護２の状態にあり，申立人は，この間ほぼ毎日午前中被相続人宅に通い，被相続人の療養看護に当たったと評価できる。申立人が看護師資格を有していることを考慮し，裁量割合を通常より高めの0.7とし，午前中のみのため日額の３分の１として算定した。 4,039(円)×1430(日)×1/3 ＝1,925,257(円)	被相続人は，要介護５の状態にあり，申立人は，この間ほぼ毎日午前中被相続人宅に通い，被相続人の療養看護に当たったと評価できる。申立人が看護師資格を有していることを考慮し，裁量割合を通常より高めの0.7とし，午前中のみのため日額の３分の１として算定した。 5,201(円)×271(日)×1/3 ＝469,824(円)

２＋３

1,925,257＋469,824＝2,395,081(円)

≒2,400,000円

※特別の寄与の主張整理表（亜季）については，181頁【参考20】参照。

【参考24】 調停条項（特別寄与料請求）

調　停　条　項

1　相手方寺田愛子は，申立人寺田亜季に対し，特別寄与料として120万円を令和○年○月○日限り，申立人の指定する口座に振り込んで支払う。

2　相手方寺田真人は，申立人寺田亜季に対し，特別寄与料として40万円を令和○年○月○日限り，申立人の指定する口座に振り込んで支払う。

3　相手方寺田祐人は，申立人寺田亜季に対し，特別寄与料として40万円を令和○年○月○日限り，申立人の指定する口座に振り込んで支払う。

4　調停手続費用は，各人の負担とする。

3　事後評議

山崎「さて、寄与分についてですが、祐人さんの寄与分主張整理表に真人さんの反論を入れた主張一覧表を作成してみました」

――石原と杉浦は、主張一覧表をみつめた。

山崎「双方の主張を対比して記載してありますので、争いの内容は把握しやすいと思います」

――石原と杉浦は頷いた。

山崎「そこで、次回期日、事前評議を行い、寄与分の認定を固め、当事者に心証を開示することにしましょう」

石原「分かりました。追加される資料を検討の上、寄与分が認められるか否かについて考えておきます」

【参考25】 寄与分の主張一覧表

<table>
<tr><th>祐人の主張の要旨</th><th>相手方寺田愛子の主張の要旨</th></tr>
<tr><td rowspan="3">祐人が被相続人に対する家業従事に努めた寄与分として，相続財産全体の30パーセント相当額を求める。

祐人は，平成元年に高校を卒業後，○○鉄道株式会社に就職したが，その頃被相続人から同人が営むみかん栽培の継承を依頼され，以後，約20年にわたって会社員として稼働する傍ら，早朝に，又は帰宅後，休日も被相続人とともにみかん栽培に携わってきた。また，被相続人が高齢となって農業に従事できなくなったため，平成20年に○○鉄道株式会社を退職し，被相続人が死亡するまでの12年間は専らみかん栽培を担ってきたほか，市場で過剰となっているみかんに代わり，祐人の発案で新たにキウイ栽培も始め，赤字続きであった農業経営を黒字に転じさせた。

祐人は，○○鉄道株式会社に勤務していた頃は無給で家業を手伝っており，被相続人から給料等の報酬をもらったことはなく，退職後は被相続人の了解を得て同人の預金口座から，月に３，４万円を引き出し，生活費の一部に当てていた。

以上から，祐人の家業従事により，被相続人の財産は維持されてきたということがいえ，特別な寄与に該当することは明らかである。

よって，祐人の寄与分は，少なくとも相続財産の30パーセントは下ることはないと考える。</td><td>祐人の主張のとおりであり，祐人の主張どおりの寄与分を認める。</td></tr>
<tr><th>相手方寺田真人の主張の要旨</th></tr>
<tr><td>祐人が高校卒業後，○○鉄道株式会社に勤務した傍ら家業である農業を手伝ったことは確かであるが，それは相手方真人も同様であり，特別の寄与とはいえない。また，祐人が○○鉄道株式会社を退職後，高齢となった被相続人に代わってみかん栽培に携わってきたことは認めるが，被相続人から，十分な給料を支払っていると聞いたことがあり，無償で従事していたわけではなく，さらに，農業の収支は大半が赤字であり，相続財産の維持・増加に貢献していないため，特別の寄与とはいえない。よって，祐人の寄与分も認められない。</td></tr>
</table>

第７章　特別受益・寄与分の確定

～前章まで～

みかん畑とキウイ畑の鑑定意見が提出された。真人は異議を述べるが，裁判官から審判における鑑定の扱いについて説明を聞き，鑑定意見を受け入れる。

真人の特別受益については，祐人らは調停委員会に対し心証開示を求める。また，祐人の寄与分については，次回の調停期日において調停委員会の見解を示すこととなった。

亜季の特別寄与料の申立てについては，真人は，妻万里子の助言を受けて特別寄与料を認めることに合意する。

本章で扱う改正法Q&A

Q配偶者居住権の制度

Q配偶者以外の者による居住建物の使用及び収益

Q配偶者居住権の譲渡禁止

実務論点

◆家業従事型の寄与分の算定

◆配偶者の居住権を確保するための他の方策

1 書記官室

「森下さん、今度の期日に備えて、何かやっておくことはないですか？」

「特別受益の関係では、真人さんから、五〇万円を除く返済の資料は出てきたのかな？」

「まだ、何も提出されてきていません」

「持戻し免除が認められるか否かにより結論が異なることになるけど、まず評価額を入れ込んだ計算書の案を作成しておいた方がいいね」

「計算書ですか？」

「ああ。表計算ソフトを使うと簡単にできるから、作成してみるといいよ。取得希望も入れておくと代償金の額とかすぐに分かるから便利だよ」

「分かりました。作り方を教えてください」

「じゃあ、早速始めよう。まずは記録から遺産とその評価額を抽出しよう」

――稲葉と森下は、計算書の案を作成し始めた。

2 第７回調停期日前――調停進行の確認

「前回、特別寄与料の調停が成立したので、今回から遺産分割調停に集中できますね」

――杉浦は調停室で調停記録を読んでいる石原に声をかけた。

「そうですね。特別受益についても、事前評議で最終的な見解を確認しておきましょう」

3 事前評議

「被相続人は入学を喜んでいたことを考慮すると持戻し免除の意思を認めてもよいのではと思いますが、いかがでしょうか」

——石原が尋ねた。

「私も同じ意見です。山崎裁判官、いかがですか?」

「そうですね」

——評議の結果、被相続人には持戻し免除の意思があったものと認定する旨の結論で一致した。

「次に寄与分について検討しましょう。まず祐人さんは、平成元年に高校卒業後、○○鉄道株式会社に就職したが、その後仕事が休みである土日には朝から晩まで、また、農繁期には出勤前や帰宅後に、家業であるみかん栽培を無償で手伝ってきたと主張していますが、この点はどう考えますか?」

——山崎が杉浦に問いかけた。

「この期間は、祐人さんが通常に会社員として勤務していたことや他の相続人も家業の手伝いを行っていたことから、専従性が認められないと思います」

——山崎と石原は杉浦の意見に頷いた。

「次に、祐人さんは、被相続人が高齢となって農業に従事できなくなったため、平成二〇年に鉄道会社を退職し、以後は月三、四万円の対価を得ながら、十年にわたってみかん栽培に従事し、また、平成二一年頃からは新たにキウイの栽培も始め、農業収入を黒字に転じたと主張していることについては、どう評価しましょう」

――再び山崎が問いかけた。

「月三、四万円の対価を得ていますが、被相続人に代わって祐人さんが中心となってみかん栽培に従事してきたこと、確定申告書によれば、平成元年分から平成二一年分までの農業による所得は赤字であったものの、廃業することなく、みかん畑として維持され、遺産の価値の減少を免れたと評価できると思います。寄与分は認められると思います」

――石原が見解を示した。

「そうですね。みかん畑の多くは斜面に立地し、畑以外の利用は考えにくいため、耕作放棄により畑が荒れた場合には土地取引価格も事実上低下するおそれがあるといえます。また、祐人さんの発案でみかん畑の一部を転用してキウイの栽培も始め、農業による収支も黒字に転じさせたことを考えると、寄与分の成立要件とされている専従性、継続性、財産の維持・増加との因果関係は存在し、特別の寄与を認めてもよいと思います」

――石原と杉浦は、山崎の意見に頷いた。

「問題は、祐人さんが被相続人から一定の対価を得ている点をどのように考えるかですね。無償性の要件についてはどう考えますか」

――山崎が問いかけた。

「平成二〇年に鉄道会社を退職し、被相続人に代わって専ら農業経営に当たってきたのですから、祐人さんが一定の対価を得ていたとしても、無償性を否定すべきものではないと思います」

――杉浦が見解を示した。

「杉浦さんと同じ意見です」

――寄与分の有無について、調停委員会の意見はまとまった。

「では、寄与分として認められる金額についてですが、祐人さんは相続財産全体に対する貢献比率は三〇パーセントであると主張しています。どのように考えましょうか?」

「私は、相続財産全体に対するものではなく、畑について考えればよいと思います。畑の維持を重要視すればいいのかなぁと……」

「本件のような家業従事型の寄与分の算定に当たっては、祐人さんが提供した労務についての標準的な報酬額を基準にする場合があるといわれています。賃金センサスを参考にすることもあると研修で教わりましたが。裁判官、いかがでしょうか?」

「そうですね。同種同規模の事業に従事する同年齢層の給与額を参考にすることがありますね」

「それでは、本件でも賃金センサスを参考にする方法もありますか?」

――杉浦が山崎に尋ねた。

「さて、本件ではどうでしょうか。

確かに、家業従事型の寄与分の評価方法としては、賃金センサス等を参考にして寄与相続人が得られたであろう給付額から生活費相当額を控除し、それに寄与の期間を乗じることによって算出することが多いと思います。

しかしながら、本件のように農業の場合には、給与所得者のように、寄与者の受けるべき年間給与額を想定して寄与分額を算定するのが困難ですから、家業の事業内容や規模、その収支状況、寄与主張者が家業従事に至った経緯、従事の態様や期間、遺産形成の経緯、遺産の内容や額などを検討して、遺産の全部又は一部の一定割合を寄与分とするのが相当ではないかと考えています。

そうすると、本件の場合、被相続人の農業による所得が赤字であったところ、祐人さんによる寄与によりみかん畑を荒廃させることなく維持することによって、土地取引価格の減少を防いだといえると思います。

そして、祐人さんの発案で新たにキウイ畑を造成したことを総合的に考慮すると、みかん畑及びキウイ畑の評価額の三〇パーセントを寄与分と認めるのが相当であると思います。いかがでしょうか」

――石原と杉浦は、山崎の意見に頷いた。

「では、私から寄与分についての結論を話すことにしましょう」

――山崎が調停委員会の見解を示すことになった。

第７回調停期日

１　特別受益の確定――調停委員会からの説明

石原「皆さん、お揃いなので、同席で調停を行います。今日は、最初のテーマは特別受益です。お約束どおり調停委員会の結論をお伝えしたいと思います」

――真人は思わず身を乗り出した。

石原「評議の結果、入学金等の贈与は、真人さんに対する生計の資本のための贈与に当たると考えます。

お孫さんの入学祝いということですが、お金の移動は真人さんに対するものですから、真人さんに対する贈与であると考えるのが自然です。

しかしながら、被相続人は入学を喜んでいたとのことですから、入学金等について、被相続人には死亡後に持戻し計算をすることは考えていなかったと推認されます。黙示的な特別受益の持戻し免除の意思表示があると考えます」

●持戻し免除の意思表示

石原委員は特別受益の要件論を踏まえて、事実認定と評価を説明しています。持戻しが原則であることを前提としつつ、本件では持戻し免除の意思が推認できると認定したので、結論として持戻しを否定したことになります。

真人「持ち戻さなくてもいいってことだな」

石原「はい。鈴木代理人はいかがですか」

――鈴木が祐人に目配せをしたところ、祐人は頷いた。

鈴木「それが調停委員会の結論であればやむを得ません。これを前提に話を進めましょう」

●手続代理人（弁護士）の姿勢

鈴木弁護士は、調停委員会による事実認定に従いました。金員の受取りの事実は認定されたものの、持戻し免除が推定されたことから、これ以上争う合理性はないと判断したことによるものです。不服だとの思いとは別に、事件の早期解決を考えた見識の高さを感じます。

利彦「僕は、よく分からないので、皆さんの言うとおりで構いません」

石原「では、本件については、特別受益は存在しないこととして進めてまいります。後ほど、調書に残します」

――全員が頷いた。

2　寄与分の検討

(1)　調停委員会による心証開示

杉浦「では、次に寄与分に移ります。本日、期日の前に評議を行いました。評議の結果については、裁判官からご説明します」

山崎「私から説明をします。

寄与分が認められるためには、被相続人との身分関係に基づき通常期待される程度を超えた特別な貢献があり、かつ、その寄与行為と被相続人の財産の維持又は増加との間に因果関係があることが必要とされています。

一般に、家業従事型の寄与分の評価方法は、賃金センサス等を参考にして寄与相続人が得られたであろう給付額から生活費相当額を控除し、それに寄与の期間を乗じることによって算出することが多いのですが、農業の場合には、寄与者の受けるべき年間給与額を想定して寄与分額を算定するのが困難です。そのため、今回は、家業の事業内容や規模、その収支状況、寄与を主張されている方が家業従事に至った経緯、従事の態様や期間、遺産の内容や額などを検討して、遺産の全部又は一部の一定割合を寄与分とすることが相当と考えます。

祐人さんが提出している平成元年分から平成二一年分までの被相続人の確定申告書によれば、被相続人の農業による所得が赤字でしたが、祐人さんによる寄与により、みかん畑を荒廃させることなく、維持することによって土地の取引価格の減少を防ぎ、かつ、今ではブランドにもなっているみかんやキウイが収穫できるだけの立派な畑になっていることを考慮すると、みかん畑及びキウイ畑の三〇パーセントを祐人さんの寄与分と考えることができるのではないかと思います」

石原「何かご質問はございますか」

真人「……。よく分からないけど、裁判官の説明は理解したよ。早く話合いを進めてください」

鈴木「全財産に対する割合ではない点は不本意ですが、これで結構です」

（メモ　寄与分の計算式について）

（計算式）

41,000,000円×30％＝12,300,000円

内訳	キウイ畑１	20,000,000円
	キウイ畑２	10,000,000円
	みかん畑	11,000,000円

(2) 寄与分の確定と中間合意調書の作成

杉浦「分かりました。では、寄与分、それに先ほどの特別受益と併せて、中間合意調書を作成します」

山崎「当事者双方は、祐人さんの寄与分については別紙目録記載一、二【キウイ畑】及び三【みかん畑】の土地の評価額の合計につき三〇パーセントの一二三〇万円の寄与分があることをそれぞれ確認する。以上でよろしいですか？」

――全員が頷いた。

実務論点

26 家業従事型の寄与分の算定

家業従事型の寄与分を算定するに当たっては、原則として、寄与相続人が提供した労務について相続開始時における標準的な報酬額を基準として計算することになります。もっとも、家業に従事する場合、その多くは給与所得明細書などを交付することはないので報酬額を客観的に明らかにすることは難しいといえます。そこで、実務においては、同種同規模の事業に従事する同年齢層の給与額を参考にすることとし、賃金センサス等に基づいて算出することがあります。その場合は、賃金センサス等により推計した額から生活費相当額を控除した金額に寄与年数、裁量割合をそれぞれ乗じて寄与分額を算出する方法を用いることがあります。

しかし、農業の場合には、寄与相続人の受けるべき年間給与額を想定して寄与分額を算出することは難しいので、家業の事業内容や規模、その収支状況、従事の態様や期間、遺産形成の経緯、遺産の内容や額などを検討して、遺産の全部又は一部の一定割合を寄与分とする場合があります。

本件では、相続財産（一部・全体）に占める寄与分の割合を定める方法が考えられます。

農業に従事してみかん畑を維持したことにより遺産の価値の減少を防いだことが寄与分として認められるか、認められるとして寄与分の額はいくらが相当かが問題となった事案につき、大阪高決平成二七年一〇月六日

（家判八号六六頁）は、長男が農業に従事したことによりみかん畑が荒地になって取引価格が低下することを防いだ点を寄与と認め、寄与分を遺産全ての評価額の三〇パーセントと認めた原審判を変更して「遺産の一部である当該みかん畑の評価額の三〇パーセント」を寄与分と認めています。

●寄与分の評価方法

本決定は、家業従事型の寄与分について、平成元年分から同二一年分までは赤字であったものの、その後は黒字となったこと、事業内容や規模、従事の態様や期間、遺産形成の経緯、遺産の内容や額などを検討して、みかん畑を荒廃させることなく、維持することによって取引価格の減少を防いだとして、みかん畑及びキウイ畑についてのみ一定割合を寄与分としたものです。

3　調停期日の終了と合意事項の確認——遺産分割方法と取得希望

杉浦「次回は、分割方法に入ります。次回の前に書記官が計算書を事前に作成しますので、計算書を参考に取得希望を伺うことにします。これで調停期日を終了します」

——第七回調停期日が終了した。

✣ ✣ ✣ ✣ ✣ ✣ ✣ ✣ ✣ ✣

——数日後、稲葉は、当事者の合意を基に計算書を作成し、当事者に送った。

【参考26】 計算書の例

（単位：円）

			寺田愛子	寺田真人	寺田祐人	寺田利彦
相続時具体的相続分			45,250,000	15,083,333	27,383,333	15,083,333
特別受益						
寄与分					12,300,000	
分割時具体的相続分			45,250,000	15,083,333	27,383,333	15,083,333
遺産取得分						
代償金						
現実取得分						
差額						
土地	キウイ畑1	20,000,000				
	キウイ畑2	10,000,000				
	みかん畑	11,000,000				
	自宅敷地	35,000,000				
建物	自宅	3,300,000				
小計		79,300,000				
預貯金	かいこう銀行　普通	5,500,000				
	かいこう銀行　定期	3,000,000				
	霧笛信用金庫　定期	3,500,000				
株式	港町鉄道	5,000,000				
	波止場電気	2,000,000				
預り金	真人預り金	2,500,000		2,500,000		
預り金	愛子預り金	2,000,000	2,000,000			
小計		23,500,000				

遺産総額　102,800,000

第7章

４ 鈴木法律事務所——遺産分割方法と配偶者居住権の検討

(1) 祐人の取得希望と代償金の発生

——鈴木弁護士は、調停期日の翌週、祐人に事務所に来るよう連絡した。祐人は、愛子を連れて、鈴木法律事務所に向かった。

「裁判所からもらった計算書を使って、以前から聞いていた、お母さんと祐人の取得希望を基にシミュレーションをしてみたんだが、そうするとこんな感じになるんだが……」

——計算書を見た瞬間、祐人の表情が暗くなった。

「祐人は、総額四一〇〇万円のみかん畑とキウイ畑を単独取得することを目的としているから、現実的取得分額の二七三八万三三三三円を超える一三六一万六六六七円の代償金を支払わなくてはならない」

——鈴木弁護士が説明した。

「これは……」

「評価額は鑑定で決まっているから、お前の希望通り取得すると、代償金一三六一万六六六七万円を支払わないといけないことになるんだ」

「寄与分を増やすってことはできるんじゃないか？」

「それは無理だよ。前回、寄与分についても合意したし、三〇パーセントの寄与は決して低い額ではないと思うよ」

「手元には約一〇〇〇万円の現金はあるけど、代償金に全て充てても足りないか……代償金を支払うしか農業を続けていく方法はないということか」

(2) 愛子の自宅の取得と配偶者居住権

「さて、祐人の代償金も問題なんだけど、お母さんの方にも悩ましい問題があるんですよ」

「それは、どういうことですか？」

――愛子が尋ねた。

「お母さんは、法定相続分が二分の一なので、自宅の土地建物を確保できるんですが……。逆に、不動産を取得すると手元に現金がほとんど残らなくなるんです」

「生活費が足りなくて、引き下ろしたくらいだから確かに心配よね……。一〇年くらいしたら、どこかのホームにお世話になるかもしれないけど、それまでは自宅に住みたいし」

「困ったな。何かいい案はないのか」

「そうだね。相続法が改正されたことにより、配偶者居住権という制度ができたんだ」

「その配偶者居住権ってどのような制度なんだ」

――鈴木は、配偶者居住権の制度を説明した。

改正法Q&A

Q29　配偶者居住権とはどのような制度ですか？

A　高齢社会の進展と平均寿命の伸長により、相続開始時点での配偶者相続人の年齢が従前に比べて相対的に高くなっています。このような高齢の配偶者の多くは、住み慣れた居住環境での生活を継続するために居住権を確保しつつ、その後の生活資金としてそれ以外の財産についても一定程度確保したいという希望を有しています。

しかし、配偶者が従前居住していた建物に住み続けたい場合には、配偶者がその建物の所有権を取得するか、又は、その建物の所有権を取得した他の相続人との間で、使用貸借契約、賃貸借契約等を締結する等により、居住を確保することになります。

ところが、建物の評価額が高額となる場合には、配偶者がそれ以外の財産を十分に取得することができなくなるおそれもありますし、賃貸借契約等の締結という方法も、居住建物の所有権を取得した者との間に賃貸借契約が成立しなければ、配偶者の居住権は確保されません。

そこで、改正法は、配偶者に居住建物の使用収益権限のみを認め、処分権限のない権利を創設することによって、遺産分割の際に、配偶者が居住建物の所有権を取得する場合よりも低廉な価額で居住権を確保することができるようにすることを目的とする配偶者居住権（民一〇二八条一項）を創設しました。

「配偶者居住権を設定した場合、俺は自宅を使用することができるのか？」
「いや。配偶者居住権を設定すると、愛子さんに居住する権利があるから、祐人は、自宅を利用する権利がなくなるんだ」
「えっ……」

改正法Q&A

Q30 配偶者以外の者による居住建物の使用及び収益はできますか？

配偶者は、配偶者居住権に基づき、「無償」で居住建物の「全部」を「使用及び収益」することができますが、配偶者は、居住建物の所有者の承認を得なければ、第三者に居住建物を使用又は収益させることはできません（民一〇三二条三項）。

「配偶者居住権って、お袋が体調を崩しちゃったりして家から退去したいときに第三者に譲渡することはできないのか」

「譲渡は認められていない」

「なんで譲渡できないんだ」

改正法Q&A

Q31 配偶者居住権はなぜ譲渡できないのですか？

配偶者居住権は、譲渡することはできません（民一〇三二条二項）。配偶者居住権は、配偶者が相続開始後も従前の居住環境での生活を継続することを保護するものですから、第三者に対する配偶者居住権の譲渡を認めることは、制度趣旨と整合しないからです（『一問一答』一三頁）。配偶者としては、合意により建物所有者に配偶者居住権を買い取ってもらったり、建物所有者の承諾を得た上で第三者に賃貸するなどして、配偶者居住権に相応する価値を取得するしかありません。

——祐人は、鈴木の話を聞いて、ため息をついた。

(3) 配偶者居住権の取得と評価の難しさ

「配偶者居住権の内容の大方は分かったよ。じゃあ、お袋が配偶者居住権を取得した場合は、どのくらい他の遺産を取得することができるの？」

「お母さんが配偶者居住権を取得した場合、配偶者居住権の財産的価値に相当する金額を取得したことになる。つまり、お母さんの具体的相続分から配偶者居住権の財産評価額を控除した残額について他の財産を取得することになる」

「配偶者居住権であれば、土地建物の所有権を取得するわけではないから、所有権よりは低い金額で居住権を確保できるわけだな。そうだと、お袋の手元に残る現金は増えるな」

「そうだ、配偶者居住権の評価額をどのように決めるかということで、お母さんが確保できるお金の額が決まる」

「お袋が配偶者居住権を取得するならば、誰かが土地建物を取得することになるのか」

「そうだ。祐人、真人さん、利彦君の誰かが土地建物を取得しなければいけない。愛子さんは取得が難しいし、他の人も希望しないだろうね。そうすると、祐人が土地建物を取得するか否か腹を決めてくれないと、具体的相続分を考慮した上での分割方法と代償金額が決まらない」

「そうか。お袋との関係からすると、俺が負担付きの土地建物を取得するしかないな。兄貴は土地建物を取得することを希望しないだろうし」

「そこでだ。祐人が負担付きの土地建物を取得することになるとすると、配偶者居住権の価額が重要な問題となる。配偶者居住権の設定期間を何年にするかで評価額が決まってくる」

「私は、将来ホームに入るかもしれないけど、この先は約一〇年は今の家に住みたいわね」

「一〇年であれば、平均余命からは終身で定めるのと評価は同じなので、設定期間を終身としよう。評価方法については、相続法改正において法制審が示した基準があるので、おおよその見当はつく。この基準で合意ができればいいけど、合意が成立しない場合には、鑑定になるかもしれない。あともう一点、祐人が本命のキウイ畑などの畑を取得するほかに、配偶者居住権の負担付きの自宅建物も取得するとなると、代償金はさらに増えることになるよ。分かっているよな」

「もし、誰も自宅建物を取得できないという状況になったら、どうなるんだ？」

「その場合は、分割方法の選択基準に従って取得方法を決めていくことになる。誰も取得することを希望しないとなると代償分割が難しいので換価分割になる」

「配偶者居住権以外でお袋の居住権を確保する方策はないのか」

――鈴木は、配偶者居住権以外にも配偶者の居住権を保護するための方策として、次のようなものがあることを説明した。

実務論点

27 配偶者の居住権を確保するための他の方策

⑴ リバース・モーゲージを利用する方法、⑵賃貸借契約、使用貸借契約を締結する方法、⑶共有分割とする方法、⑷配偶者生存中における遺産分割を凍結する方法が挙げられます。リバース・モーゲージ以外の各方策は、いずれも相続人間の合意が成立することが条件となりますが、配偶者をめぐる相続人間の関係は多様であり、必ず合意が得られるものではありません。

なお、リバース・モーゲージとは、自宅不動産に担保権を設定して、金融機関等と締結した継続的金銭消費貸借契約に基づいて毎月の生活資金を受け、借受人が死亡した場合には担保に入れていた自宅を処分して返済するという融資形態をいいます。

自宅の敷地及び建物所有権は融資の相手方の金融機関に移転させるものではない点に留意してください。

前記各方策の詳細は、『改正相続法』一四七頁を参照してください。


「今は、終身の配偶者居住権を設定する方法で検討していこうか。祐人も代償金の用立てを検討してくれよ」

「ああ、分かったよ」

――愛子と祐人は、暗い気持ちで鈴木法律事務所を後にした。

5　点景――祐人宅にて

――祐人は、リビングのソファーで、渋い顔をして腕を組んでいた。

「大体、寄与分が低いんだよな」

――畑だけであれば約一三六一万の代償金は何とかなるかもしれない。しかし、畑の他に自宅建物まで取得すると、取得する総額が七九三〇万円となり、代償金の負担がさらに大きくなることが分かった。

さすがに約五二〇〇万円もの代償金を払うことは難しい。金融機関に頼んで融資してもらうしかないか。しかし、先日、裁判所では、代償金は直ちに支払うのが原則と言われたばかりであった。

〈6〉 書記官室——取得希望の調整

「森下さん。鈴木弁護士からファックス文書が届きました」

——稲葉書記官は、届いた文書に受付印を押して、森下書記官のところに持って行った。

「取得希望が述べられてますが、愛子さんは配偶者居住権の取得を検討しています」

「じゃあ、自宅の土地建物は、祐人さんが取得するんだね」

「それが、祐人さんは、畑だけしか取得希望が記載されていません」

「ちょっと、書類見せてくれ。（書面を見て）……確かに自宅の土地建物についての取得希望はないね。真人さんに取得させるつもりかな。まずは、山崎裁判官に見せてください」

——山崎からは、調停委員に事前に書面を見てもらうこと、当日に意見を聞くことにするとの指示を受けた。

第８章　取得希望の調整と配偶者居住権の取得の検討

～前章まで～

真人の特別受益については，調停委員会からの持戻し免除の意思表示が認められるとの心証開示に全員が従うことで落着する。また，祐人の寄与分についても調停委員会による心証開示により全員が合意する。そして，調停は，最後の遺産分割方法の段階へと進む。

愛子は，配偶者居住権の制度を利用することについて検討を始める。

実務論点

◆取得希望が競合する場合における選定基準

1 第8回調停期日前――調停進行の確認

「いよいよ、分割方法に入りましたね」

――杉浦は、書記官室で一緒になった石原に声をかけた。

「ええ。愛子さんが配偶者居住権を取得することについて検討を始めているようです」

「では、誰が土地建物の所有権を取得するかについては方向は決まっているのかな？」

「裁判官からもその点を確認するように指示がありましたけど、どうなんでしょうね」

「とりあえず、調停室に行きましょう」

――石原は、杉浦に促されて書記官室を出た。

第8回調停期日

1　遺産分割方法と取得希望の調整

石原「では、第八回調停期日を始めましょう。今日のテーマは分割方法です。既に鈴木代理人から書面が提出されていますが、皆さんのお手元に届いていますよね。まずは、利彦さん、愛子さんからお話を伺います。真人さんは待合室でお待ちください」

――真人は退室した。

(1)　利彦の取得希望

杉浦「まず、利彦さんからお伺いします。利彦さんは、遺産の取得希望につき、特に希望を出していませんが、何か取得したいものはありますか?」

利彦「僕は、皆さんがいいようにしてもらえればよいと思っています。母も同じ気持ちです。なので、特に希望する遺産はありません。相続分に応じた金額をいただければ、それで結構です」

杉浦「分かりました。それであれば、預金や株式、場合によっては代償金でも構いませんね」

利彦「はい。皆さんで決めたとおりにしてください」

⑵　愛子らの取得希望

石原「では、愛子さんの希望をお聞かせください」
鈴木「愛子さんは、自宅に居住することと、今後の生活資金のために現金を取得することを希望しています。評価額三八三〇万円の自宅の土地建物の所有権も取得することを希望していたのですが、そうすると、金融資産は四九五万円しか取得できません。そこで、できる限り金融資産を多く取得したいので配偶者居住権の取得を検討してみることにしました。愛子さんは、もう高齢なので、終身の配偶者居住権を設定することを検討中です」
石原「では、自宅の土地建物の所有権はどなたが取得するのでしょうか？」
——祐人は、やはりこの質問をしてきたかと思った。
鈴木「祐人さんが取得することも検討しましたが、代償金の目処が立っていないので、取得者が決まらないのです」
石原「真人さんが、取得する可能性はありますか？」
鈴木「それは、確認していないので、分かりません。真人さんが代償金を支払ってまで、愛子さんが存命中の配偶者居住権の負担がついた土地建物を取得するかどうか……」
石原「祐人さんの取得希望は？」
鈴木「祐人さんは、農業を続けていくことを希望しているので、みかん畑とキウイ畑を取得することが最優先希望です。畑を取得するための代償金については支払う用意があります」

石原「分かりました。自宅の取得を含めて、真人さんに取得希望を伺ってみますので、代わってください」

――真人が入室した。

(3)　真人の取得希望

杉浦「真人さんの取得希望をうかがいます」

真人「俺の相続分は二五〇〇万円の預かり金を引いて約一二五八万円だよね。キウイ畑は三〇〇〇万円だから、代償金を払わないと取れないことは分かってるよ。そこで、キウイ畑を取得するために融資を受けることを検討しています」

杉浦「土地はキウイ畑だけでいいですか？　例えば、自宅の土地建物を取得するつもりはありませんか？」

真人「自宅はお袋が取るんだろ？」

杉浦「愛子さんが自宅の土地建物を取得してしまうと、手元にお金が残らないので、現在、配偶者居住権を検討しています。そうすると、誰かが配偶者居住権という負担がついた自宅の土地建物の所有権を取得する必要があります」

真人「配偶者居住権って、お袋が死ぬまでは自宅の土地建物を使えないんだろ？　それまで売れないとなると、代償金を支払ってまで取得する気持ちは毛頭ないね。祐人が取得すべきだと思うよ」

杉浦「分かりました。キウイ畑を取得する場合には代償金を支払う必要がありますが、支払ができるか否かについてはいつまでに回答できますか？」

真人「次回までに、はっきりさせます」

杉浦「では、真人さんの意向を相手方にお伝えしますので、交代してください」

――真人が部屋を出ると、杉浦と石原はやっぱりという表情をしてお互いを見つめた。

石原「確かに、真人さんが言うとおり、配偶者居住権は譲渡することはできず、建物所有者は使用することもできないというものなので、このような負担が付いた土地建物の所有権を代償金を支払ってまで取得することはないですよね」

(4) 取得希望の競合

杉浦「祐人さんも取得を希望していませんので、このままだと自宅建物は共有か売却ですね」

――杉浦は、入れ替わりで入室した鈴木弁護士らに対し、真人の取得希望を伝えた。

鈴木「真人さんは、キウイ畑の取得を希望し、金融機関の融資を受けるということですか？　我々も融資を受けることを検討しています。祐人さんは被相続人の遺志を継いで農業を続けることを考えていますので、次回までにキウイ畑を含む農地を取得したい具体的理由を記載した書面を提出します」

実務論点

28　取得希望が競合する場合における選定基準

祐人さんと真人さんは、双方ともキウイ畑を取得することを希望しています。実務においては、当事者間において取得希望が競合した場合は、次のような視点に基づいて帰属者を判断しています。

① 相続人の年齢、職業、経済状況、被相続人との間の続柄等（相続人の属性）
② 相続開始前からの遺産の占有、利用状況（誰がどのように遺産を利用していたか）
③ 相続人の財産管理能力（誰がどのように遺産を管理していたか、管理が適切であったか）

④ 遺産取得の必要性（なぜ遺産を取得したいのか）
⑤ 遺産そのものの再有効利用の可能性（遺産をどのように利用・再利用するのか）
⑥ 遺言では表れていない被相続人の意向
⑦ 取得希望者の譲歩の有無（遺産を取得する見返りとして他の部分で譲歩できるか）
⑧ 取得希望の程度（入札により高い値を付けた方が取得するという意向があるか）
⑨ 取得希望の一貫性（調停の経過から取得希望の一貫性があるか）

実務においては、上記視点に沿って具体的理由を主張書面に記載することが重要です。

杉浦「分かりました。では、真人さんにも同じ趣旨の書面を提出してもらいましょう。本日は、これ以上話合いをしても、進まないと思いますので、終了することにします。では、真人さんにも入ってもらいましょう」

――杉浦は、入室してきた真人に対し、経過を伝えた。

杉浦「真人さんからも、キウイ畑を取得したい具体的理由を記載した書面を提出してください」
真人「分かりました。準備します」
杉浦「では、今日の調停は終了……」

――ここで真人が口を挟んだ。

真人「すみません。先ほどお袋が自宅について配偶者居住権の取得をとか云々って言ってるようだけど、それって、いくらくらいの評価額になるのかについて聞いておきたいんだ。配偶者居住権を設定するとどうなるかとか、分からないことが沢山あるんだよね。それを説明してもらってから、自宅を取得するか否かを決めたいんだ」

鈴木「私どもも、愛子さんが、今回、配偶者居住権の取得を検討しておりますので、一度頭を整理したいです」

石原「進め方について、調停委員会として評議をします。少しお待ちいただけますか？」

――当事者は退室した。

(5)　評　議――配偶者居住権の評価

杉浦「確かに、評価の方法は難しいですよね」

――杉浦がそう言っていると、山崎裁判官が入室してきた。

山崎「評議内容は配偶者居住権の評価と権利の内容についてですね？」

石原「はい。双方とも知りたいようです」

山崎「分かりました。これについては、専門家から直接説明をしていただいた方がいいと思います。不動産鑑定士の資格を有する専門家調停委員にいわゆる三人目の調停委員として調停に関与してもらい、説明してもらいましょう」

石原「それであれば、中谷委員はいかがでしょうか？　以前に専門家調停委員として関与していただきましたが、とても分かりやすい説明で当事者も納得されていました」

――石原は、洋輔・嵩行事件のときに、評価をお願いした際の記憶が蘇ってきた。あの時も的確に評価をして説得もしてくれたので、今回も当事者が納得する説明をしてくれるはずだ。

山崎「中谷委員はお忙しい方だけど、予定が空いているかどうか稲葉さんに確認してもらいましょう。当事者にその旨の話をしてください」

2　専門家調停委員の関与

――山崎は、傍らにいた稲葉に指示をし、稲葉とともに退室した。そして、ほどなく、稲葉から調停室に「中谷委員が出席可能である」旨の連絡が入り、それを受けて、当事者双方が入室した。

杉浦「調停委員会で評議した結果、次回期日の冒頭で不動産鑑定士の資格を持つ専門家調停委員から配偶者居住権の評価方法と権利の内容について説明してもらうことになりました。先ほどお伝えした書面は、次回期日の一週間前までに裁判所にご提出ください。本日は、これで終了します。お疲れ様でした」

――第八回調停期日が終了した。

②　点景――真人宅にて（キウイ畑の代償金融資）

「具体的な理由ってなんだよ！　親父の遺産が欲しいだけじゃだめなのかよ」

――真人は帰宅して、リビングでお茶を飲みながら憤懣やるかたなく、いら立っていた。

「裁判所で何かあったの？」

「キウイ畑を希望したら、欲しい理由を言えってさ。祐人には農業を続けるっていう理由はあるけど、こっちはそんなものないからな」

――そう言って、裁判所からもらった計算書をテーブルの上に放り投げた。万里子は、計算書を拾い上げ、まじまじと見ていた。

「不動産業者が高く買い取ってくれるっていうのに馬鹿な奴らだよ。明日にも、銀行に行って融資できるか聞いてみようかな。お前はどう思う？」

――万里子は、結婚する前には金融機関に勤めていたこともあり、数字に強かった。

「でも、あなたの取得分って約一二五八万円でしょ？　キウイ畑って三〇〇〇万円もするのよ。無理じゃない」

――万里子は笑いながら言った。

「そんなにあっさり言うなよ。せっかく持ち家を持てるチャンスなんだから」

「融資なんて簡単には通らないわよ。稟議は厳しいし、通常、連帯保証人をつけることを求めるわ。誰に連帯保証人を頼むのよ。当てはあるの？　遥香の教育ローンの支払もあるし。祐人さんは農業を続けるという覚悟を持って代償金を支払ってでもキウイ畑を欲しいというんでしょ。うちは手持ち資金は少ないし、融資も難しいし」

「……」

「あなた、考えた方がいいわ。自宅はまだいいわ」

——万里子は実をつけたキウイ畑を思い出していた。

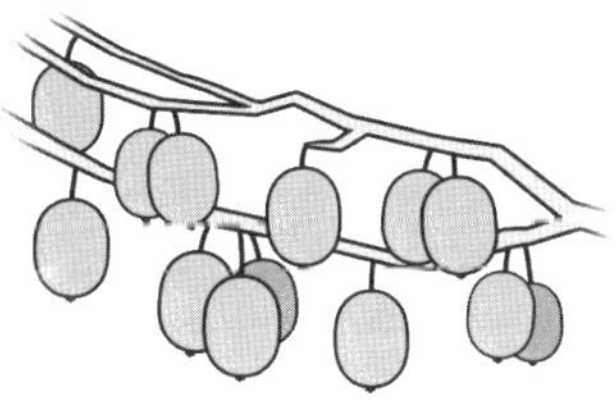

第９章　配偶者居住権の評価と取得希望の調整

～前章まで～

キウイ畑の取得につき，真人と祐人の希望が競合したため，選定基準に従い主張整理が進められる。

愛子は，配偶者居住権を設定することを希望するが，配偶者居住権の負担付きの土地建物の取得を希望する者がいないことから，分割方法は暗礁に乗り上げる。相続人に配偶者居住権の制度を理解してもらうために，専門家調停委員が関与することになる。

本章で扱う改正法Q&A

Q配偶者居住権の鑑定評価

Q配偶者居住権の放棄に伴う課税

Q配偶者が死亡した場合の配偶者居住権付の居住建物の課税

Q配偶者居住権の消滅事由

①　書記官室――専門家調停委員への配偶者居住権評価の依頼――

「中谷委員が、明日の午後、調停記録をご覧に来られるそうです」

「裁判官に中谷委員の指定印を受けてある？」

「はい」

――中谷委員がその翌日の午後、書記官室を訪れた。

「中谷さん、ご無沙汰です。」

――小林主任書記官が歩み寄った。

「やぁ、小林さん、久しぶりだね。また、遺産分割係に戻ってきたんだね。※オーシャンハイツの事件以来かな。あの時は物件が沢山あってお互い苦労したけど、今回は、配偶者居住権の評価方法の説明をしてほしいとのことだね」

――小林は今までの経緯を説明した。
※『実践調停　遺産分割事件』（二〇一六）参照。
「配偶者居住権の評価方法として、いろいろな考えがあるけど、評価基準として『簡易な評価方法』といわれるものがあるんだ。『簡易な評価方法』で合意してもらうといいね。計算方法は少し分かりにくいけど、できる限り説明するよ。設定期限として終身（一〇年間）なんだね。ところで、土地建物は誰が取得するの？」

「まさに、そこが問題なんです。誰も取得を希望しないという可能性があるんです」

「誰も希望しなかったら、まさか第三者に売却するの？　誰も買わないと思うけどね。身内以外は、なかなか欲しがらないだろうな」

――中谷は、記録を読むために調停委員控室に向かった。

その日の夕方、鈴木弁護士と真人から準備書面が届いた。期日の一週間前だった。

② 第9回調停期日前――調停室にて

「ご無沙汰しています。お元気でしたか？」

――石原は調停室で調停記録を読んでいた中谷に挨拶をした。

「本当に久しぶりだね。石原さん、もうすっかりベテラン調停委員ですね。杉浦さんも遺産分割事件に慣れましたか」

――中谷も笑って挨拶を返した。

「今日は、冒頭、僕が説明すればいいのかな？」

「お願いします」

「裁判官からも納得する説明をしてほしいと言われているよ。じゃあ、当事者に入ってもらいましょう」

――全員が調停の席に着いた。

第9回調停期日

1　配偶者居住権の評価方法——専門家調停委員による配偶者居住権の説明——

中谷「初めまして。調停委員の中谷と申します。

不動産鑑定士の専門家調停委員として、皆さんに配偶者居住権の評価方法について、説明するようにとの依頼がありましたので、今回、立ち会って説明させていただきます。

結論から申し上げると、調停における合意を念頭におけば『簡易な評価方法』といわれるもので合意されるとよいと思います。簡単に説明すると、自宅の土地建物の現在価額から配偶者居住権の負担付きの土地建物の価額を引いた価額を配偶者居住権の価額とするものです。これは、法制審議会において示された評価方法です。

他方、『簡易な評価方法』による場合に問題になる点は、『負担付所有権』の価額をどのように計算するかです。本件では建物の価額は固定資産税評価額で合意していますので、簡易な評価方法によれば、この金額を基に負担付建物所有権の価額を算出します」

——中谷は、計算式を示して説明した。

【参考27】　配偶者居住権の評価に関する計算式

１　簡易な評価方法についての計算式

配偶者居住権の価額

＝土地建物の現在価額－配偶者居住権付所有権の価額

（負担付建物所有権＋負担付土地所有権等）

２　負担付建物所有権の価額についての計算式

負担付建物所有権の価額（注１）

＝固定資産税評価額

$$\times \frac{\text{法定耐用年数}-(\text{経過年数}+\text{存続年数}^{(\text{注3})})}{(\text{法定耐用年数}^{(\text{注2})}-\text{経過年数})} \times \text{ライプニッツ係数}^{(\text{注4})}$$

（注１）　計算結果がマイナスとなる場合には、０円とする。

（注２）　法定耐用年数は減価償却資産の耐用年数等に関する省令（昭和40年３月31日大蔵省令第15号）において構造・用途ごとに規定されており、木造の住宅用建物は22年、鉄筋コンクリート造の住宅用建物は47年と定められている。

（注３）　配偶者居住権の存続期間が終身である場合には、簡易生命表記載の平均余命の値を使用するものとする。

（注４）　ライプニッツ係数は以下のとおりとなる（小数第四位以下四捨五入）。民法404条（令和２年４月１日施行）によれば、法定利率は３％であり、その後３年毎に見直される。

５年	0.863
10年	0.744
15年	0.642
20年	0.554
25年	0.478
30年	0.412

３　負担付土地所有権等の価額についての計算式

負担付土地所有権等の価額

＝敷地の固定資産税評価額ないし時価×ライプニッツ係数

中谷「次に土地ですが、路線価で合意していますから、路線価にライプニッツ係数を乗じると、負担付土地所有権の価額が算出できます。

そして、土地建物の現在評価額から、配偶者居住権の負担が付いた土地建物（負担付建物所有権と負担付土地所有権等の総和）の価額を控除したものが、配偶者居住権の価額になります。」

――中谷は、計算式の内容を説明した。

第９章

【参考28】 本件配偶者居住権の価額（簡易な評価方法）

配偶者	生年月日	S15.2.28
	性別	2
	年齢	82
	余命	10
調停成立日（令和４年）		

１：男性，２：女性

法定利率
３％

建物	固定資産税評価額	3,300,000円
	法定耐用年数	22年
	経過年数	18年
	存続年数	10年
	ライプニッツ係数	0.744

土地	建物敷地の現在額	35,000,000円

①負担付建物所有権

$$3{,}300{,}000 \times \frac{22-(18+10)}{22-10} \times 0.744 = \boxed{-1{,}227{,}600}$$

注）マイナス評価なのでゼロとする。

②負担付土地所有権等

$$35{,}000{,}000 \times 0.744 = \boxed{26{,}040{,}000}$$

③配偶者居住権の価額

建物と敷地の現在価額　負担付土地所有権等の価額

38,300,000　－　（０＋26,040,000）

$$= \boxed{12{,}260{,}000}$$

2　負担付所有権取得の検討

鈴木「私も計算式に当てはめて計算はしてみました。同じ価額になったので、計算に誤りはないと思います」

真人「簡易な評価方法に従うとする合意ができないときは、どうなる？」

中谷「合意ができなければ、鑑定を行うことにより、配偶者居住権の価額を算出することになります」

改正法Q&A

Q32　配偶者居住権はどのように鑑定するのですか？

配偶者居住権等の鑑定評価については、日本不動産鑑定士協会連合会は、令和元年一二月に「配偶者居住権等の鑑定評価に関する研究報告」を公表しました。

これは、上記協会が調査研究の上作成した成果物であり、不動産鑑定士にあっては不動産鑑定評価業務を行うに際しての参考になるものとされています。

この研究報告の内容の概要は、①配偶者居住権の価格は、賃料相当額から必要費を控除した額をそれが生じる期間、配偶者居住権が存続する期間において割引率で割り引くことによって求め（経済的利益還元法）、②配偶者居住権が付着した建物及びその敷地の価格については、「権利消滅時原価法」で求めるというものです。

しかし、上記研究報告については、経済的利益還元法を採用することの是非、権利消滅時という将来時点の価格を求めることができるのか否か等の疑問が提起されています。

法制審議会においても、この経済的利益還元法については、次のような問題点が指摘されていました。

「1　戸建住宅については，賃貸市場が未成熟な地域が多く，賃貸事例等から市場賃料を把握することが困難な場合が少なくない。そのような場合，還元方式によって求められた価額には客観的信頼性に問題がある。

2　専門家でない者が「居住建物の賃料相当額」を算出することや年金現価率を求めることは困難である。もっともこのような指摘に対し、アパートの賃貸事例の分析等により積年賃料を合理的に求めることは可能である等の反論（「不動産鑑定」五七巻二号二一頁参照）もあります。

配偶者居住権等の鑑定評価については「配偶者居住権の鑑定評価」（「不動産鑑定」五七巻二号、一〇頁以下）、小谷芳正「配偶者居住権の鑑定評価方法の課題」（家判二四号五二頁以下）が参考になります。

祐人「鑑定となれば、また費用がかかるんですよね」

鈴木「正直に申し上げて、キウイ畑等の農地に加えて、自宅の土地建物の負担付所有権を取得するのは、資金上、かなり厳しいです」

真人「俺も自分の相続分からしても、自宅の土地建物の負担付所有権を取得することは希望しません。寄与分が認められた祐人が取ればいいんじゃないか」

中谷「祐人さんが負担付所有権を取得することを再考できませんか」

祐人「……」

鈴木「配偶者居住権の価額が高くなって、愛子さんの金銭の取り分が少なくなるというのは、愛子さんの今後の生活を考えると避けたいです。かといって、配偶者居住権の価額を低くすると、反面、自宅土地建物の評価額が高くなってしまう。祐人さんが取得するには、畑の代償金に加えて高くなった自宅分についてもお金を用意しなくてはいけなくなる。他方、誰も土地建物を取得することを希望しないとなれば、売却しかない。そうすると、愛子さんは住めなくなる」

祐人「母は一〇年間は住んでいたいと話しており、何とか住まわせてあげたいんですが……。しかし、まずは、畑を確保することが最優先なので……」

●代償金の検討（配偶者居住権を設定するか否かによる代償金の変動）

愛子さんの現実的取得分額は具体的相続分から預り金二〇〇万円を控除した四三二五万円ですが、愛子さんが自宅の土地建物の所有権を取得すると、自宅の建物の評価額は三三〇万円であり、建物の敷地の評価額は三五〇〇万円の合計三八三〇万円ですから、四九五万円しか金融資産を取得することができません。

他方、終身の配偶者居住権を設定する場合には、配偶者居住権負担付きの土地建物の価額は二六〇四万円となるので、配偶者居住権は評価算定式（二六七頁参照）のとおり一二二六万円となります。そうすると愛子さんは配偶者居住権により自宅に居住でき、その上で三〇九九万円の金融遺産を取得することができます。この点は、配偶者居住権を創設した趣旨に沿うものです。

しかし、このように配偶者居住権を設定する場合、配偶者居住権負担付きの土地建物を取得する相続人を決めなくてはいけません。

祐人さんは、総額四一〇〇万円のみかん畑とキウイ畑を単独取得することを目的としているので、そのためには、現実的取得分額の二七三八万三三三三円を超える一三六一万六六六七円の代償金を支払わなくてはいけません。これに、配偶者居住権負担付きの土地建物を取得すると、その分、代償金額は増加することになります。さらに、配偶者居住権の負担のない自宅の土地建物の所有権そのものを取得するとなると、代償金は増加します。このように祐人さんは代償金の用立てを検討しなくてはいけません。

杉浦「そうですか。では、解決策として、配偶者居住権を設定するか否かという問題は棚上げにして、自宅の土地建物の評価額を下げることで祐人さんが自宅を取得し、その自宅にお母さんを住まわせるという考えはできませんか。真人さん、自宅の評価額を下げることに応じることはできませんか？　いかがですか」

●調停の運営

杉浦委員は、解決策を示すことで解決の支援をしています。当事者の解決意欲を高めることになります。このような働きかけはとても大切です。

真人「寄与分で譲歩しているから、価額を下げるのは嫌だね」

――調停室が、重苦しい雰囲気になった。

鈴木「少し協議をさせてください」

3　相続人間での協議

――祐人らは退室し、待合室で協議を始めた。

祐人「もう一回、配偶者居住権の内容を確認したい。譲渡はできないよな。では、放棄することはできるのか」

鈴木「配偶者は、配偶者居住権を放棄することはできる。しかし、課税の問題が起きるよ」

改正法 Q&A

Q 33　配偶者居住権が放棄されると課税されるのですか？

A　配偶者居住権が存続期間の満了前に放棄、合意解除等の事由により消滅することとなった場合、居住建物の所有者は期間満了前に居住建物の使用収益ができることになります。これは、配偶者居住権が消滅したことにより、所有者に使用収益する権利が移転したものと考えられるので、相続税法九条により、配偶者から贈与があったものとみなされて、居住建物の所有者に対し贈与税が課税されると考えられます（財務省「令和元年度税制改正の解説」相続税の改正五〇四頁参照）。

祐人「……」

鈴木「例えが悪いけど、愛子さんが死亡した場合のことも説明しておこう。愛子さんには申し訳ない話だけど」

愛子「いいですよ。いずれはお迎えがくる話だから」

――鈴木は次のように説明した。

改正法 Q&A

Q 34　配偶者が死亡した場合の配偶者居住権付の居住建物の課税はどうなりますか？

A　配偶者が死亡した場合には、民法の規定により配偶者居住権が消滅することになります（民一〇三六条、五九三条四項）。配偶者が死亡した場合、居住建物の所有者はその居住建物について使用収益することができるようになりますが、配偶者居住権は民法の規定により、予定どおりに消滅するものであり、配偶者から居住建物の所有者に相続を原因として移転する財産はないので、相続税の課税関係は生じないと考えられます。

これに対し、居住建物の所有者が使用収益することが可能になったことを利益と捉え、その居住建物の所有者に対しみなし課税をするという考え方もあるようですが、配偶者の生存中に存続し、また配偶者居住権が死亡に伴い消滅するという権利関係が生じるのは、民法に定められた配偶者居住権の意義に由来するものと考えられるなどの理由に基づきます。詳細は、財務省「令和元年度税制改正の解説」相続税の改正五〇三頁を参照してください。

本件において、愛子さんが死亡すると、配偶者居住権が消滅することになりますから、居住建物の所有者となる祐人さんは愛子さんの死亡を契機に居住建物を使用収益することが可能になり、負担のない所有権を確保するという利益が生じます。

改正法Q&A

Q35　配偶者居住権にはどのような消滅事由がありますか？

配偶者居住権は、放棄した場合や死亡した場合のほか、存続期間が満了した場合にも消滅します（民一〇三六条、五九七条一項）（詳細については『改正相続法』一一八頁参照。）。

祐人「配偶者居住権は、存続期間の満了や配偶者が死亡した場合は権利が消滅するから、居住建物を使用収益することが可能になり、負担のない所有権を確保できることになるんだね」

鈴木「そうだよ。ところで、先日、設定期間を終身としようと決めたよね。評価方法については、『簡易な評価方法』によれば、配偶者居住権の価額は一二二六万円となる」

——鈴木は、算定式を示した。

鈴木「こうなると、将来、配偶者居住権が消滅したときには負担のない所有権を確保できるというメリットと土地建物を終身使用できないというデメリットを考えて、代償金が増えることを前提に自宅を取得するかの腹を決めることができるかだね」

祐人「考えてみる。今日結論は出ない」

――祐人らは、調停室に戻り、結論を出すのに一期日欲しい旨話した。

4　取得希望の検討

(1)　祐人らへの聴取

石原「配偶者居住権を終身として設定した場合、祐人さんは、愛子さんの存命中は、土地建物を使用できないという制約がありますが、愛子さんが死亡した場合には、祐人さんは、負担のない所有権を取得することになり、土地建物を使用することができるようになるので、考えどころですね」

●調停技法
当事者の話していることなどを繰り返すと、当事者は「寄り添ってくれている」「自分の話を聞いてくれている」との感情を持ち、親和性を保つことができます。

祐人「そうですね。考えておきます」

石原「祐人さんは、先ほど杉浦委員が話したように、配偶者居住権を設定するか否かという問題は棚上げにして、自宅の土地建物の評価額を下げてもらい、祐人さんが自宅を取得し、自宅にお母さんを住まわせるという方法を検討したら、どうでしょうか？」

中谷「祐人さんが自宅を取得するのが、お母さんの関係や二次相続における紛争をなくすことができるということからもベストな選択だと思います。確かに代償金が多くなりますが……」

祐人「そうですね。母には、できる限り長く自宅に住んでもらいたいのです……。配偶者居住権付きの土地建物ではなく、所有権そのものを取得するので代償金は高くなりますが、メリットはありますね。問題は代償金を用意できるかです」

鈴木「それでは、代償取得を検討してみます。結論は早めに裁判所に連絡します」

杉浦「はい。お願いします。では、真人さんから取得希望を確認します」

鈴木「我々は待合室でお待ちしています」

――祐人らは退出し、真人が入れ替わって入室した。

(2)　真人への聴取

石原「真人さんのご希望を確認します」

真人「以前に話したように、キウイ畑を希望しますよ。

代償金については、今検討中なんだけど、忙しくて金融機関に行く時間がなくてね。来週中には行ってくるので、次回まで待ってくれないかな。方向としては、取得した上で、売却して手元に現金を残したいと考えている。それを見越して、金融機関に話をしている」

石原「分かりました。祐人さんらは、次回までに、自宅の土地建物を取得することも視野に入れて検討してくるでしょうから、調整を続けますね。では、祐人さんらに入ってもらいましょう」

――全員が調停室の席に着いた。

5　調停期日の終了と合意事項の確認

石原「真人さんは、キウイ畑の取得を希望するとのことなので、キウイ畑については双方が取得を希望していることになります。

調停委員会としては、調停での合意を考えておりますので、裁判官と協議の上で、双方の取得希望の合理性などを考慮して方向を示したいと考えております。それでだめなら、審判で決着をつけることになります。

次回までに、祐人さんは、自宅につき、負担のない所有権そのものを取得するのかについて、併せて代償金を用意できるのかについてを、他方、真人さんはキウイ畑を取得できるだけの代償金を用意できるかを、それぞれ検討してきてください。

本日はこれで終了することにいたしましょう」

――第九回調停期日が終了した。

③　点景――真人宅にて

「ただいま。おっ、戻ってきたのか？」

――銀行から戻った真人の前には白いスニーカーがあった。

「お父さん。お帰りなさい」

——キッチンには娘の遥香と万里子がいた。

「で、融資はどうだったの?」

「無理だったよ」

「でしょ? 私だって、元銀行勤めしてたんだから無理だって分かるわよ」

——真人はため息しか出なかった。

まだ、諦めたわけじゃないからな。この時代、開港市で農業なんて時代遅れなんだ。真人は、そう思いながらビールを口にした。

「何これ。無茶苦茶美味しいんだけど!」

——遥香がキッチンで素っ頓狂な声を上げた。

「でしょ? 最近、ネットでも評判なのよ」

——万里子もテーブルに置かれた皿からキウイの一切れを口に放り込んだ。

「お父さんも食べてみたら? 美味しいわよ」

——万里子が皿ごとリビングのソファーのところに持ってきた。真人が皿に手を伸ばそうとしたとき、食堂のテーブルの上の包装紙が目に入った。

『甘クイーン』

「これは……」

「そうよ。祐人さんのところのキウイよ。美味しいわよ」

「こんなの食えるわけないだろ。お前は何を考えてるんだ！」

「お父さん、何怒っているの？」

「お父さんはね。今、遺産分割で祐人さんと争ってるのよ。それで、上手くいかないからいらついているだけよ。キウイ畑を取得した上で売却したいらしいのよ」

「余計なことを言うなよ」

「なんで売っちゃうの。お父さんが畑を利用してキウイを作ればいいのに。こんなにレベル高いキウイなかなかお目にかかれないのよ」

「遥香もそう思うでしょ」

――このままここにいたら、二人にやり込められそうだ。真人はいたたまれなくなって、自室に向かった。

4　鈴木法律事務所――自宅取得の検討と代償金の支払

――鈴木は、存続期間を終身とした配偶者居住権を設定した場合における代償金の計算書を祐人と愛子に渡した。

（メモ　配偶者居住権を設定した場合の代償金の計算書）

キウイ畑1	2000万円
キウイ畑2	1000万円
みかん畑	1100万円
配偶者居住権	1226万円
配偶者居住権負担付の自宅土地建物	2604万円
合計	7930万円
愛子の遺産取得分	1426万円
	（1226万円＋200万円）
愛子に対する代償金	3099万円
真人に対する代償金	408万3333円
利彦に対する代償金	458万3333円
代償金総額	3965万6666円

（かいこう銀行の預貯金は真人が，霧笛信用金庫の定期預金と株式は利彦が，真人・愛子が保管する預り金は各人が取得し，配偶者居住権を除く不動産については，祐人が取得することを前提とする）

「約四〇〇〇万円の代償金か。兄貴に四〇八万円、利彦君に四五八万円支払うことになるんだね。これはすぐに用意できそうだ。問題は、お袋に支払う三〇九九万円だな。手持ちの一〇〇〇万円までなら何とか払えるけど残りは難しいな」

「お母さんへの支払方法は検討しよう。お母さんがよければ分割払でもいいと思うんだが……」

「分割でも全然構わないわよ。元々、生活費がないっていうのが事の発端だったので、贅沢をしたいわけじゃないから」

「生活費をまかなうことができ、それに多少上乗せする程度の金額を分割する形でも大丈夫ですか？長期にわたりますけど」

「ええ、構わないわ」

――祐人は二人の会話を黙って聞いていた。

「よくよく考えてみたんだけど、配偶者居住権を設定するかどうかは、自宅をお袋と俺でどのように分けるかっていう話で、兄貴と利彦君に支払う金額は変わらないんだよな」

――祐人の手元には、祐人がキウイ畑などの農地と併せて、配偶者居住権の負担のない自宅も取得した場合の計算書があった。

「裁判所にも連絡しないといけないから、決まったら早めに連絡くれよな」

「すぐに連絡するよ」

――愛子と祐人は鈴木法律事務所を後にした。

第10章　調停の成立

～前章まで～

　真人と祐人が配偶者居住権負担付きの自宅の取得を希望しないことから，調停委員会は，祐人が配偶者居住権の負担がない自宅とその敷地を単独取得し，代償金を支払うとともに，愛子には建物の居住を認める分割案を示唆し，その検討を促す。

　真人は，キウイ畑を取得するための資金調達の途が閉ざされる。

実務論点

◆農地法の許可

1 書記官室──取得希望の進展と調停条項の検討

「稲葉さん、双方から連絡はありましたか？」

──石原はいつもより早く書記官室を訪れた。その日は朝から強い風雨に見舞われ、交通網が乱れていたからであった。

「はい。鈴木弁護士から電話がありました」

「配偶者居住権を設定することになったの？」

「それが、配偶者居住権を設定せずに、所有権を取得したいらしいんです」

「そうですか。真人さんから連絡はありましたか？」

「真人さんからは、特にありません。一応、鈴木弁護士の意見を基に条項案を作成してあります。先にお渡ししておきます」

●調停条項案の作成

遺産分割事件を担当する書記官は、事前に調停条項の案を作成し、それを当事者に示す（なお、後に回収します。）ことで条項文言に間違いがないように努めています。

──石原は稲葉から条項案を受け取った。

「杉浦委員にもお渡ししておきます」

──そう言って、調停室に向かった。

第10回調停期日

1　遺産分割方法と取得希望の調整

石原「全員お揃いですね。皆さん、足下が悪い中、お疲れさまです。ところで、期日間に、鈴木代理人からご連絡をいただきましたが、真人さんからはまだ返事がありませんでした。そこで、真人さんからお話を伺います」

――真人が調停室に残った。

(1)　真人への聴取

石原「真人さん、代償金の目処は立ちましたか？」

真人「代償金支払のための融資は難しかったです。娘の教育費のローンもあるし。仕方ないから、キウイ畑は諦めて、金銭を取得することを希望します。畑は祐人が取得すればいいよ」

石原「流動資産は預貯金と株式がありますが、ご希望はありますか？」

真人「できれば預貯金の方がいいな」

石原「それと、代償金を取得することでいいですか」
真人「ああ。構わないよ。それで、支払はいつ頃になるんだ。もちろん、一括払いだよな。そこは妥協できないぜ」
石原「分かりました。一括のご希望であることはお伝えします。交代してください」
――祐人らが入室した。

⑵　祐人らへの聴取

杉浦「真人さんは、キウイ畑の取得を諦めて、代償金として金銭を取得することを希望されました。そして、預貯金の取得をお考えのようです。そうだとすると、利彦さんは、株式と預貯金を取得することになりますが、よろしいですか？」
利彦「僕はそれで構いません」
杉浦「真人さんは一括払いを求めていますが、祐人さんは支払の方はどうされますか？」
鈴木「真人さんと利彦さんには手持ち資金で一括でお支払いします。期限は区切りがいいところで成立後一か月後でいかがでしょうか？」
杉浦「これで、キウイ畑の帰属と代償金の件は話がまとまりましたが、自宅の土地建物の帰属に関連してですが、配偶者居住権を設定するのですか？」
祐人「色々考えたのですが、配偶者居住権を設定しても兄貴に支払う金額は変わらないし、お袋への支払が長期で可能であれば、配偶者居住権を設定するより、多少無理してでも、僕が自宅を単独取得し、母に住まわせた方がいいのではないかという結論になりました」

――鈴木弁護士は頷いた。

鈴木「はい。三人で十分話し合った結果です。ただ、愛子さんに対する代償金の支払は金額が大きいし、一括では難しいので、期間としては二〇年という長期分割を考えています。愛子さんと祐人さんは合意していますが、裁判所の見解はいかがでしょうか？」

●代償金の支払方法

代償金の支払は、公平の観点から即時になされることが原則ですが、事情によっては分割払ないし期限の猶予も可能です。

実務においては、分割期間としては、おおむね一年ないし五年間くらいの分割払を認めることが多いですが、事案に応じては、一〇年の年賦分割払を認めることもあります。

杉浦「そうですね。裁判官と評議します。少しお待ちください」

――祐人らと入れ替わり、山崎裁判官と稲葉書記官が入ってきた。

(3)　評　議

山崎「配偶者居住権を設定しないで、祐人さんが自宅を単独取得するとの話ですね」

石原「はい。祐人さんと愛子さんとの間では、代償金を支払うことで合意ができているのですが、祐人さんは分割払を希望しています。しかし、分割払の年数が二〇年を超えてしまうのです」

山崎「それは長すぎますね。愛子さんの年齢を考えるとせめて一〇年以内にはしてもらわないと。頭金をいくらか支払ってもらえませんかね。祐人さんらに入っていただいて、私から確認しましょう」

石原「ありがとうございます。是非ともお願いします」

――祐人らが入室した。

(4)　愛子の自宅居住と代償金の分割期間の検討

山崎「調停委員から経過をお伺いしました。二〇年の分割ではあまりにも長期なので難しいです。頭金を入れるなどしてもう少し期間を短縮することはできないでしょうか？」

鈴木「我々も、実は少々気になっておりました。
　そこで、今一度祐人さんが銀行に連絡したところ、融資の目処が立ちそうです。祐人さんが畑や自宅を担保にして二七〇〇万円を借り受けて手持資金を併せて頭金として支払い、残額を月各一二万円の一〇年払いで支払うことでどうでしょうか。愛子さんも合意しています」

●金融機関の融資

　祐人さんは、みかん畑、キウイ畑及び自宅建物を単独取得するための代償金を確保するために、金融機関に対し融資の申し込みをしていました。
　実務においては、金融機関は借入希望者に対しては融資を行うに当たり担保を設定することを求めることになります。その際、遺産分割により取得する予定の不動産を担保にして融資を受けようとすることもあります。金融機関によっては、稟議の資料とするため、相続人間において遺産分割方法が定まったこと（本件では、祐人さんがみかん畑、キウイ畑及び自宅建物を単独取得する）を明示する中間合意調書の謄本の提出を求めることがあります。
本件は、金融機関が、祐人さんから提供された財務資料、返済計画、事業の将来性等の事情を考慮して返済可能であると判断して稟議を通したと思われます。

山崎「一〇年間でも少し長い気がしますが、愛子さんはよろしいのですか？」
愛子「はい。息子に借金までさせて支払ってもらうのは心苦しいのですが、平等にしないと真人も納得しないと思います。長期の分割になるけど、自宅に住んだ上で月一二万円の支払を受ければ、何とか生活していけると思うので、それで結構です」
山崎「分かりました。では、これで成立させましょう。真人さんにも入ってもらってください」
——真人は、祐人の提案に応じた。

2　調停の成立

——山崎裁判官、調停委員二名、稲葉書記官及び当事者全員が調停室のテーブルを囲んだ。
山崎「では、当事者間に合意が成立したので、調停調書を作成します。鈴木代理人は、双方代理になりますが、いかがしましょうか？」
鈴木「私は祐人さんの代理人を辞任して、愛子さんの代理人になります」

●利益相反

弁護士が複数の相続人から受任している場合、弁護士法二五条及び双方代理の問題が生じます。調停申立時は実質的な利害対立がないということで複数の当事者の代理人になった場合でも、成立の際には辞任して出頭又は欠席している当事者一人の代理人となるのが通常です。実務においては、辞任しない場合には、当事者から双方代理を許諾する旨の申述書を提出してもらうことにしています。

――山崎が目で合図すると、稲葉は調停条項案を配り始めた。

山崎「それでは、条項を読み上げます。皆さんもご確認ください」

【参考29】 調停条項（遺産分割）

調　停　条　項

1　当事者全員は，被相続人寺田信太郎（令和２年６月27日死亡）の相続人が，令和２年(家イ)第800号事件申立人兼同３年(家イ)第600号事件及び同第10号事件相手方寺田真人（以下「申立人」という。），令和２年(家イ)第800号事件及び同３年(家イ)第600号事件相手方兼同第10号事件申立人寺田愛子（以下「相手方愛子」という。），令和２年(家イ)第800号事件相手方兼同３年(家イ)第10号及び同第600号事件申立人寺田祐人（以下「相手方祐人」という。）及び令和２年(家イ)第800号事件，同３年(家イ)第10号事件及び同600号事件相手方寺田利彦（以下「相手方利彦」という。）であることを確認する。

2　当事者全員は，被相続人の遺産が，別紙遺産目録（以下「目録」という。）記載のとおりであることを確認し，これを次のとおり分割する。

⑴　相手方祐人は，目録記載一の各不動産を全て単独取得する。

⑵　相手方愛子は，目録記載三の２の⑵の預り金を単独取得する。

⑶　申立人は，目録記載二の１，２の預貯金及び同目録記載三の２の⑴の預り金をそれぞれ単独取得する。

⑷　相手方利彦は，目録記載二の３の預貯金及び同目録記載三の１の各株式をそれぞれ単独取得する。

3　相手方祐人は，相手方愛子に対し，上記遺産を取得した代償として，4,325万円を支払うこととし，これを次のとおり分割して相手方愛子の指定する預貯金口座に振り込んで支払う。なお，振込費用は相手方祐人の負担とする。

⑴　令和４年７月末日限り2,885万円

⑵　令和４年８月から同14年７月までの間，毎月末日限り12万円宛

4　相手方祐人は，申立人に対し，上記遺産を取得した代償として，408万3,333円を支払うこととし，これを令和４年７月末日限り，同人の指定する預貯金口座に振り込んで支払う。なお，振込手数料は，相手方祐人の負担とする。

5　相手方祐人は，相手方利彦に対し，上記遺産を取得した代償として，458万3,333円を支払うこととし，これを令和４年７月末日限り，同人の指定する預貯金口座に振り込んで支払う。なお，振込手数料は，相手方祐人の負担とする。

6　当事者全員は，相手方祐人の被相続人に対する寄与分を1,230万円と定める。

7　被相続人につき，今後新たな遺産が発見されたときは，当事者全員は，その分割方法につき，当事者全員で別途協議する。

8　当事者全員は，本件に関し，本調停条項に定めるもののほか，何らの債権債務のないことを相互に確認する。

9　調停手続費用は，各自の負担とする。

以　上

遺　産　目　録

一　不動産

1　土地

(1)　所　　在　開港市中央区千広三丁目
　　地　　番　1番4
　　地　　目　畑
　　地　　積　3，515平方メートル

(2)　所　　在　開港市中央区千広三丁目
　　地　　番　1番5
　　地　　目　畑
　　地　　積　1，700平方メートル

(3)　所　　在　開港市中央区米田一丁目
　　地　　番　2番7
　　地　　目　畑
　　地　　積　3，865平方メートル

(4)　所　　在　開港市中央区鶴岡一丁目
　　地　　番　11番3
　　地　　目　宅地
　　地　　積　250.00平方メートル

2　建物

所　　在　開港市中央区鶴岡一丁目11番地
家屋番号　11番3
構　　造　木造かわらぶき2階建
床 面 積　1階　55.00平方メートル
　　　　　2階　45.00平方メートル

二　預貯金

1　かいこう銀行鶴岡駅前支店
普通預金
口座番号（１１１１１１１）
５，５００，０００円（令和４年４月30日現在額）

2　かいこう銀行鶴岡駅前支店
定期預金
口座番号（２２２２２２２）
３，０００，０００円（令和４年４月30日現在額）

3　霧笛信用金庫米田支店
スーパー定期預金
口座番号（３３３３３３３）
３，５００，０００円（令和４年４月30日現在額）

三　その他

1　株式
(1)　株式会社港町鉄道　　株式　１００株
(2)　波止場電気株式会社　株式　１００株

2　預り金
(1)　２５０万円　申立人真人保管
(2)　２００万円　相手方愛子保管

以　上

●成立条項の説明

第一に、祐人さんの代償金の内容について説明します。

遺産の総額は一億〇二八〇万円ですが、祐人さんには一二三〇万円の寄与分が認められるので、同額を控除した九〇五〇万円が「みなし相続財産」になります。各相続人の具体的相続分ですが、愛子さんは四五二五万円、真人さんと利彦さんは各一五〇八万三三三三円、祐人さんは寄与分を加えた二七三八万三三三三円となります。

祐人さんは、畑と自宅の土地建物の不動産（七九三〇万円）を全部取得するので、祐人さんの具体的相続分（二七三八万三三三三円）を上回ることになり、代償金として五一九一万六六六七万円を支払わなくてはいけません。

次に、祐人さんの他の相続人各人への代償金額の内訳ですが、真人さんは遺産から預金等の一一〇〇万円を取得しますので、代償金は四〇八万三三三三円となり、利彦さんは遺産から株式等の一〇五〇万円を取得しますので、代償金は四五八万三三三三円となります。この合計額は、祐人さんの手持ち資金から支出できますので、一括払いとなりました。

他方、愛子さんの現実的取得分は具体的相続分の四五二五万円から預かり金二〇〇〇万円を控除した四三二五万円となります。祐人さんは愛子さんに対し四三二五万円を代償金として支払わなくてはいけません。祐人さんは、不動産を担保として二七〇〇万円の融資を受けることができましたので、手持ち資金と融資額の合計二八八五万円を頭金として支払い、残額一四四〇万円につき、月一二万円の一〇年払いの分割払を行うことになりました。

第二に、寄与分の扱いについて説明します。

遺産分割と寄与分が併合されている調停事件において、寄与分を含めて遺産分割調停が成立する場合、①寄与分を取り下げる方式をとるか、②調停条項に「〇〇の寄与分を〇〇円と定める」旨の条項を加える方式をとるかは、当事者の判断によります。本件は、祐人さんの寄与分を明示する②の方式をとっています。

実務論点

29 農地法の許可

農地については、売買や贈与等により所有権や賃借権を移転した場合や賃借権、地上権等を設定した場合は農業委員会の許可が必要です（農地法三条）が、遺産分割の場合は、同許可を受ける必要はありません（同法三条一項一二号）。なお、本件のように相続人である祐人さんが遺産分割で農地を取得した場合であっても、取得した相続人は、農業委員会への届け出は必要になります（同法三条の三）。

──全員は、真剣な表情で、条項案を目で追った。

山崎「皆さん、これで合意ができたということでよろしいですか？」

──全員が頷いた。

鈴木「代償金は、真人さんと利彦さんが指定した口座に振り込みます。調書に記載しておいてください」
稲葉「分かりました。皆さんに調書申請方法をご案内しますので、書記官室にお越しください」
山崎「それでは、これで調停は成立となりました。皆さん、お疲れさまでした」

【参考30】 最終計算表

（単位：円）

		寺田愛子	寺田真人	寺田祐人	寺田利彦
相続時具体的相続分		45,250,000	15,083,333	27,383,333	15,083,333
特別受益					
寄与分				12,300,000	
分割時具体的相続分		45,250,000	15,083,333	27,383,333	15,083,333
遺産取得分		2,000,000	11,000,000	79,300,000	10,500,000
代償金		43,250,000	4,083,333	−51,916,667	4,583,333
現実取得分		45,250,000	15,083,333	27,383,333	15,083,333
土地	キウイ畑1			20,000,000	
	キウイ畑2			10,000,000	
	みかん畑			11,000,000	
	自宅敷地			35,000,000	
建物	自宅			3,300,000	
小計		0	0	79,300,000	0
預貯金	かいこう銀行　普通		5,500,000		
	かいこう銀行　定期		3,000,000		
	霧笛信用金庫　定期				3,500,000
株式	港町鉄道				5,000,000
	波止場電気				2,000,000
預り金	真人預り金		2,500,000		
	愛子預り金	2,000,000			
小計		2,000,000	11,000,000	0	10,500,000
遺産取得分合計		2,000,000	11,000,000	79,300,000	10,500,000
				遺産総額	102,800,000

2 調停成立後の調停室

――石原と杉浦は、安堵感に包まれた調停室に残った。

「長い間、お疲れさまでした。何とかまとまりましたね。真人さんが、最後になって妙にあっさり納得していましたよね。どんな心境の変化があったんですかね？　誰かが真人さんに働き掛けをしてくれて、解決の後押しがあった気がします」

「私もそう思います。真人さんは、最後の方はとても物分かりがよかったですもの。調停が成立することで、一時険悪になってしまった関係がよくなってくれそうでよかったです」

「相続により兄弟の仲が悪くなるのは残念なことですよね。それに祐人さんが自宅を取得したので、二次相続での自宅の帰属についての争いがなくなりました。祐人さんも、これからキウイとみかんの生産に励むことができますね」

――石原と杉浦は、調停室を出た。

「石原さんと一緒に調停ができて、大変勉強になりました。また、是非とも、ご一緒させてください」

「私も、相続法改正後の初めての事件でした。本当にためになりました。今度、またご一緒できる時はよろしくお願いします」

――石原は、裁判所の玄関を出ると、雨がやんで、雲の合間から日の光が差していた。やがて、西の方角が茜色に染まった。そういえば、前にもこんな情景を見たことあるわね。石原は、爽やかな気持ちで裁判所を後にした。

エピローグ

「始まったときはどうなるかと思ったけど、終わってみるとあっという間だった気がするわ。でも、祐人には迷惑かけちゃったわね」

――愛子は申し訳なさそうに言った。

「まあ、僕がお袋の生活費を負担するって考えれば、何でもないことだよ。家を手に入れても入れなくても生活費は面倒みなくちゃいけないんだから気にならないよ」

「私が死んだら家を売ればいいわ」

「縁起でもないこと言わないでくれよ」

「そうよね。完済してもらうまで死ねないわね」

――愛子の言葉に部屋が笑いに包まれた。

「おはようございます」

――玄関の方から聞き慣れた声が聞こえてきた。

「亜季さん。いつもすまないね」

――ふすまを開けて入ってきた亜季に、祐人が声をかけた。

「祐人さんもいらしてたんですね。利彦から話を聞きました。随分、負担をおかけしたみたいですすみません」

「本当に気にしないでください。むしろ亜季さんの苦労に対して、十分報えなかったので、その分、利彦君に代償金が支払えてよかったと思っています」

「負担が大きすぎて、大丈夫かなって心配しているんですよ」

「お袋からも言われたんですが、本当に大丈夫です。少し良いこともありそうだし。人生悪いことばかりじゃないですよ。地道にやってると、良い風が吹いてきますよ」

――そう言って、祐人は笑った。

❖　❖　❖　❖　❖　❖　❖

「ちょっと出かけてくるよ」

――一か月後、真人と遥香はキッチンで洗い物をしている万里子に声をかけた。

「二人とも、外出の支度をしているけど、朝から、どこ行くの？」

「遥香が、キウイ畑を見てみたいっていうから、連れて行ってやるんだよ」

「祐人さんのキウイ畑？　あら、祐人さんと仲直りしたの？」

「そんなわけないだろ。遠目から見るだけだよ」

「えっ、お父さんは、祐人おじさんに頼んでキウイ狩りさせてくれるって言ってたじゃない」

「ごちゃごちゃ言ってないで、さっさと車に乗れよ」

第10章

——真人は、遥香の肩を軽くたたいて、車に乗せた。万里子はそんな二人を笑って見送った。

リビングでは、つけっぱなしのテレビからニュースが流れていた。

「開港市で人気のキウイ『甘クイーン』が、全国フルーツ協議会賞の金賞を受賞しました。『甘クイーン』は糖度の高さが評価され、受賞に至りました。今後は、地元の和菓子店とのコラボレーションで『甘クイーン大福』を売り出すことが決まりました。『甘クイーン』の生産者である寺田祐人さんは、テレビ開港のインタビューに対して……」

事項索引

あ

か

さ

た

な

は

ま

や

ら

〈著者紹介〉

片　岡　　　武（かたおか　たけし）
弁護士（元・東京家庭裁判所部総括判事）

細　井　　　仁（ほそい　ひとし）
静岡家庭裁判所次席書記官

飯　野　治　彦（いいの　はるひこ）
横浜家庭裁判所次席家庭裁判所調査官

（2020年６月１日現在）

実践調停　遺産分割事件　第２巻
――改正相続法を物語で読み解く

2020年６月24日　初版発行

著　者　片　岡　　　武
　　　　細　井　　　仁
　　　　飯　野　治　彦

発行者　和　田　　　裕

発行所　日本加除出版株式会社

本　社　郵便番号 171-8516
東京都豊島区南長崎３丁目16番６号
TEL（03）3953-5757（代表）
（03）3952-5759（編集）
FAX（03）3953-5772
URL www.kajo.co.jp

営業部　郵便番号 171-8516
東京都豊島区南長崎３丁目16番６号
TEL（03）3953-5642
FAX（03）3953-2061

組版・印刷　㈱郁　文　／　製本　牧製本印刷㈱

落丁本・乱丁本は本社でお取替えいたします。
★定価はカバー等に表示してあります。

Printed in Japan
ISBN978-4-8178-4652-5